L'encadrement pénal de la prostitution des mineurs

BIBLIOTHÈQUE*S* DE DROIT

COLLECTION FONDÉE ET DIRIGÉE PAR JEAN-PAUL CÉRÉ

Cette collection a pour vocation d'assurer la diffusion d'ouvrages scientifiques sur des thèmes d'actualité ou sur des sujets peu explorés dans le domaine des sciences juridiques. Elle se destine notamment à la publication de travaux de jeunes chercheurs.

Dernières parutions :

M. MANET, Le devenir juridique de la dignité

M. GALLIMARD, L'incrimination de la zoophilie

M. PELTIER-HENRY, Le droit pénal à l'épreuve des neurosciences

T. TOUZEAU, Recel et blanchiment

H. CAPPADORO, Le sens de la peine

M. BONNARD, Le statut juridique de l'assistance médicale à la procréation

C. LE ROUX, L'infraction Politique

E. MANGIN, L'univers carcéral, la mère détenue et son enfant

P. LAURENT, L'incohérence des lois de circonstances en matière pénale

P. GOASDOU, L'impartialité du ministère public

M. GERMAIN, Essai sur l'influence du pédophile à l'égard du silence des tiers

F. LOUISE, Droit de grâce sous la Ve République

C. MORALES, Le droit animal

BIBLIOTHÈQUE DE *DROIT PENAL*

Noëlie JOUENNE--PEYRAT

L'encadrement pénal de la prostitution des mineurs

5-7, rue de l'École-Polytechnique – 75005 Paris
www.editions-harmattan.fr
ISBN : 978-2-343-21417-7
EAN : 9782343417

SOMMAIRE

Je tiens d'abord à exprimer toute ma reconnaissance à mon directeur de mémoire, Monsieur Pierre-Jérôme DELAGE. Je le remercie de m'avoir encadrée, orientée, aidée et conseillée.

J'adresse mes sincères remerciements à tous les professeurs, intervenants et toutes les personnes qui, par leurs paroles, leurs écrits, leurs conseils et leurs critiques ont guidé mes réflexions et ont accepté de me rencontrer et de répondre à mes questions durant mes recherches.

À tous ces intervenants, je présente mes remerciements, mon respect et ma gratitude.

À mon fils,

Principales abréviations

AJ Famille	Actualité Juridique Famille
AJ Pénal	Actualité Juridique Pénal
Al	Alinéa
Art	Article
CA	Cour d'appel
Cass. crim	Chambre criminelle de la Cour de cassation
C. civ	Code civil
CE	Conseil d'Etat
CEDH	Cour européenne des Droits de l'Homme
Cons. const	Conseil constitutionnel
C. pén	Code pénal
C. pr. pén	Code de procédure pénale
D	Recueil Dalloz
Dir	Sous la direction de
DP	Dalloz Périodique
Dr. pén	Revue Droit pénal
Ed	Edition
Infra	Ci-dessous
JO	Journal Officiel
JCP	Jurisclasseur, La semaine juridique
Op. cit	Ouvrage déjà cité
P, pp	page(s)
Préc	Précité
Rép. pén	Répertoire de droit pénal et de procédure pénale
Rev. sc. crim	Revue de science criminelle et de droit pénal comparé
RTD civ	Revue trimestrielle de droit civil
Supra	Ci-dessus
T. corr	Tribunal correctionnel
V	Voir
Vol	Volume

Introduction

Dans un article de presse de novembre 2019, Grâce, prostituée à 10 ans, déclarait : « Je faisais beaucoup d'argent parce que j'étais petite. Et les clients aiment les petites filles[1] ». Cette citation nous rappelle que « ce n'est pas que dans les pays étrangers, lointains et exotiques que se produisent de telles histoires[2] ». En effet, comme Grâce, des milliers de mineurs se prostitueraient en France, le plus souvent des jeunes filles entre treize et seize ans[3]. Selon la proposition de loi visant à lutter contre la prostitution des mineurs enregistrée à la Présidence de l'Assemblée Nationale le 6 février 2019, 40 000 prostitués adultes seraient entrés en prostitution dans leur minorité. « La prostitution est un phénomène multiforme et partant, difficile à appréhender[4] », ce qui explique des chiffres qui ne sont pas toujours cohérents et qui s'entrecoupent. L'objectif de s'intéresser aux chiffres est « de mieux connaître afin de mieux protéger[5] ».

---

[1] KORBA (R.), « Sur le trottoir, il faut payer sa place » : le récit de Grâce, prostituée à 10 ans à Paris, *Le Parisien*, 27 novembre 2019.

[2] POULAIN (R.), *Les enfants prostitués. L'exploitation sexuelle des enfants*, IMAGO, 2007, p. 15.

[3] Proposition de loi visant à lutter contre la prostitution des mineurs, n° 1650 Assemblée Nationale, 6 février 2019.

[4] GEOFFROY (G.), *Rapport d'information par la commission des lois constitutionnelles, de la législation et de l'administration générale de la République, en conclusion des travaux d'une mission d'information sur la prostitution en France*, n° 3334, Assemblée Nationale, 13 avril 2011.

[5] Observatoire des violences envers les femmes du Conseil départemental de la Seine-Saint-Denis, Etude sur la prostitution des mineur·e·s en Seine-Saint-Denis, novembre 2019.

Chiffres de la prostitution des mineurs — La prostitution des mineurs est une forme particulière de prostitution représentative de divergences entre les chiffres des services de police et des associations[6]. En 2007, la France comptait 3 000 à 8 000 enfants prostitués. Pour cette même année, l'UNICEF estime à 8 000 le nombre d'enfants victimes d'exploitation sexuelle en France. Selon différentes associations de lutte contre la prostitution, il y aurait 4 000 à 8 000 mineurs en situation de prostitution en France en 2015[7] contre 6 000 à 10 000 aujourd'hui[8]. L'Association Contre la Prostitution des Enfants fait part de chiffres pour le moins inquiétants : près de 10 000 mineurs se livreraient à la prostitution en France aujourd'hui. D'autres sources évaluent la prostitution des enfants entre 10 000 et 15 000[9].

Selon un rapport de 2011, l'OCRTEH[10] a établi que « la prostitution de mineurs reste un phénomène limité et de faible ampleur ». Depuis une décennie, l'OCRTEH répète ces mêmes chiffres : il y aurait entre 15 000 et 18 000 personnes prostituées majeures comme mineures, ce qui, à l'évidence, est une sous-estimation du phénomène[11] au regard des chiffres avancés par le secteur associatif. Dans la plupart des cas, il s'agit de jeunes filles. Rien qu'à Bobigny (93000), sur 19 dossiers présentés devant le juge des enfants, la totalité des personnes prostituées était des filles. D'ailleurs, le substantif de prostitué·e, jusqu'à la seconde Guerre Mondiale dans les textes relatifs au proxénétisme ne protégeait que les femmes. Aujourd'hui, le développement de la prostitution masculine impose de parler de personnes

[6] GEOFFROY (G.), rapport préc.

[7] Estimation du mouvement du Nid en 2015.

[8] Etude sur la prostitution des mineur·e·s en Seine-Saint-Denis, préc.

[9] POULAIN (R.), *op. cit.*, p. 115.

[10] L'office central pour la répression de la traite des êtres humains chargé de centraliser les informations sur la prostitution et la traite des êtres humains.

[11] POULAIN (R.), *op. cit.*, p. 115.

prostituées[12]. Malgré tout, la femme reste « l'objet presque exclusif de regards scientifiques sur la prostitution[13] ».

Le chiffre noir de la prostitution — Toute la prostitution des mineurs ne peut cependant pas être recensée. Il existe un chiffre « noir » de la prostitution. La prostitution de rue, c'est-à-dire la prostitution visible, n'est pas la plus difficile à quantifier à l'inverse de la prostitution discrète. Dans un rapport de 2010, le Gouvernement explique les tenants de ce difficile dénombrement notamment en raison des lieux d'activité (salon, hôtel, bar…), ou des modes de communication avec les clients (SMS, internet…)[14]. Dans une étude consacrée au phénomène prostitutionnel, il est rappelé que « la prostitution dite discrète, à domicile, est apparue avec le développement des moyens et réseaux de télécommunication ». Elle met en lumière de nouveaux modes de prostitution qui emploient, soit la publicité par voie d'annonces dans les journaux, soit sur les réseaux, ce qui assure encore plus de discrétion[15]. Il est donc particulièrement difficile de dénombrer le chiffre exact de personnes prostituées. On peut dès lors en conclure que depuis une décennie, le nombre de mineurs prostitués est en constante évolution, pour autant, aucun réel recensement n'est fait. Quelle que soit l'étendue exacte des chiffres, ils parlent d'eux-mêmes et sont suffisamment préoccupants pour légitimer une étude.

Ceci étant posé, et avant d'entrer dans le cœur de nos développements, deux préalables s'imposent : la définition des termes du sujet (section 1) d'une part et l'étude de la

---

12 OUVRARD (L.), *La prostitution. Analyse juridique et choix de politique criminelle* », L'Harmattan, 2000, p. 18

13 NADEAU (J.-G.), *La prostitution, une affaire de sens. Étude de pratiques sociales et pastorales*, Fides, coll. Héritage et projet, 1987, p. 111.

14 Rapport du Gouvernement relatif à l'évolution de la situation des personnes prostituées, 2010.

15 OUVRARD (L.), *op. cit.*, p. 21.

réception de la prostitution dans notre société (section 2) d'autre part.

Section 1. La définition des termes du sujet

Deux termes sont à définir, d'abord la notion de mineur (§1) puis celle de prostitution (§2), la définition du mineur appelant moins de développements que celle de la prostitution.

§1. Le mineur

Le terme de « mineur » est une notion de droit civil désignant « celui qui n'a pas encore atteint sa majorité, c'est-à-dire l'âge de dix-huit ans[16] ». L'évidence est de préciser que la minorité se termine à la majorité qui est fixée par l'article 414 du Code Civil à dix-huit ans[17]. Précisons que la majorité « sexuelle » est fixée à quinze ans, et qu'il n'existe pas de majorité pénale, mais seulement une prise en compte du discernement. Le droit international, quant à lui, est indifférent aux différentes majorités, mais estime que l'enfant en dessous de dix-huit ans doit toujours être protégé. C'est le principe posé par la Convention internationale des droits de l'enfant (CIDE) : « un enfant s'entend de tout être humain âgé de moins de dix-huit ans[18] ». À partir de cet âge il s'agit de prostitution des personnes majeures, qui ne sera pas ici l'objet de notre étude, les lois étant quelque peu différentes.

§2. La prostitution

Plusieurs définitions de la prostitution sont proposées (A), et leur combinaison permet d'en identifier les critères (B).

---

[16] Dictionnaire de la langue française *Larousse*.

[17] C. civ., art. 414.

[18] CIDE, art 1er.

A. Les définitions proposées

Malgré une récente proposition de loi, il n'existe plus de définition légale de la prostitution, Ce sont donc la doctrine et la jurisprudence qui ont tenté d'en délimiter les contours.

Étymologie — Le verbe prostituer vient du latin *prostituere* qui signifie « exposer en public », qui est composé de *pro-* qui signifie « en avant » et de *statuere* qui veut dire « placer ». Le dictionnaire de la langue française définit une personne prostituée comme celle qui « se livre aux désirs sexuels de quelqu'un, pour un motif d'intérêt[19] ». Quant au mot prostitution, il vient du latin *prostitutio* et est défini comme « le fait de livrer son corps aux plaisirs sexuels d'autrui pour de l'argent[20] ».

Définition légale — Une première définition légale a été donnée dès 1947. Un décret du 5 novembre 1947 considérait la prostitution comme « le fait de consentir habituellement à des rapports sexuels avec un nombre indéterminé d'individus moyennant rémunération ». Ce décret ayant été abrogé en 1960, il n'y a aujourd'hui plus de définition légale de la prostitution. Partant, la prostitution est aujourd'hui « une infraction sans texte[21] ». Le Code Pénal avait pourtant tenté de poser une définition de la prostitution au travers de l'infraction de racolage en son ancien article 225-10-1, abrogé par la loi du 13 avril 2016, et réprimait ainsi : « Le fait, par tout moyen, y compris par une attitude même passive, de procéder publiquement au racolage d'autrui en vue de l'inciter à des relations sexuelles en échange d'une rémunération ou d'une promesse de rémunération ». Néanmoins, l'infraction était celle du racolage et ne décrivait donc pas précisément la prostitution. Comme il

---

19 *Le nouveau petit Robert de la langue française*, éd. 2010.

20 *Ibid.*

21 PARIZOT (R.), La prostitution, une infraction sans texte, *Rev. sc. crim.*, 2016, p. 373.

existe de nombreuses infractions sanctionnant certains prolongements du fait prostitutionnel, il est nécessaire d'essayer de donner une définition claire[22] de la prostitution. Partant, plusieurs députés ont pris l'initiative dans une proposition de loi déposée le 6 février 2019, d'apporter une définition légale de la prostitution. Ainsi, le premier article « vise à introduire dans le Code pénal la notion de prostitution qui ne fait jusqu'à présent l'objet d'aucune définition légale » par l'ajout d'un article 225-12-1 A : « La prostitution est le fait d'employer son corps à une relation de nature sexuelle moyennant une rémunération, quelle qu'en soit sa nature »[23]. Toutefois, cette proposition datant de février 2019, les chances d'une suite favorable sont minces.

Définition doctrinale — Plusieurs tentatives de définition seront apportées par la Doctrine. C'est d'abord dans le *Digeste* que la prostitution trouve sa première définition : « On entend par un commerce public le métier de ces femmes qui se prostituent à tout venant et sans choix[24] ». Quant au *Vocabulaire juridique Cornu*, il définit la prostitution comme une « activité habituelle qui consiste, pour toute personne, à s'offrir en vue d'une activité sexuelle à n'importe quelle autre personne prête à la rétribuer d'une façon quelconque et qui ne constitue pas en elle-même une infraction pénale, à la différence du racolage et du proxénétisme[25] ». Une autre auteure retient « qu'on entend par prostitution le fait de proposer ou de rechercher un acte sexuel contre rémunération[26] ». Enfin, un dernier auteur présente la prostitution comme le « fait d'accepter, de proposer ou d'organiser des relations de plaisir sexuel pour de l'argent ou

---

[22] PY (B.), Prostitution – Proxénétisme – Racolage, *Rép. pén.*, mai 2006.

[23] Proposition de loi visant à lutter contre la prostitution des mineurs, préc.

[24] *Digeste*, Ulpien au livre I sur la loi *Julia et Papia*.

[25] CORNU (G.) (dir.), *Vocabulaire juridique*, PUF, 7e éd., 2005.

[26] OUVRARD (L.), *op. cit.*, p. 17.

des avantages sans qu'il y ait de relation affective comme composante essentielle[27] ». Quant au *Dictionnaire des sciences criminelles*, la prostitution y est définie sous l'angle du « système prostitutionnel » qui est un « système de domination marchande sur le sexe, sur les corps et donc sur les êtres humains »[28]. On note ainsi, que selon les définitions avancées, la prostitution est vue soit sous l'angle d'une prostitution volontaire, soit sous l'angle d'une prostitution contrainte. Il est en effet nécessaire de distinguer la prostitution « volontaire ou choisie[29] » de la prostitution sous la contrainte. La première relève de l'autonomie personnelle, la seconde est consécutive d'une infraction : le proxénétisme ou la traite des êtres humains. « Toutefois, la prostitution et le proxénétisme sont deux notions intimement liées[30]», il faut donc au préalable affiner pour mieux cerner la notion même de prostitution.

Définition jurisprudentielle — Bien que la Cour de cassation n'ait eu que rarement à se prononcer sur la question, c'est en 1912 qu'elle a donné une première définition de la prostitution[31]. Elle considérait que « la prostitution consistait dans le fait d'employer son corps, moyennant rémunération, à la satisfaction des plaisirs du public, quelle que soit la nature des actes accomplis ». La Haute Juridiction n'estimait alors pas que la prostitution se consommait par un contact physique. Toutefois en 1952 la nécessité d'un contact physique sera consacrée par la Cour, qui affirmera « qu'on ne saurait tenir pour actes de prostitution des exhibitions de femmes nues ou de gestes obscènes pour le plaisir

---

[27] DUFOUR-GONPRES (R.), *Dictionnaire de la violence et du crime*, Ères, 1991.

[28] LOPEZ (G.), TZITZIS (S.) (dir.), *Dictionnaire des sciences criminelles*, Dalloz, 2004, p. 759.

[29] POULAIN (R.), *op. cit.*, p. 171.

[30] DREYER (E.), *Droit pénal spécial*, Ellipses, 3e éd., 2016, p. 242.

[31] Cass. civ., 19 nov. 1912, DP 1913. 1. 353.

et aux frais des spectateurs[32] ». S'est alors posée la question de savoir s'il fallait ou non un rapport sexuel complet pour pouvoir qualifier la prostitution. La première réponse a été donnée par le Tribunal correctionnel de Thionville le 8 mars 1977, qui avait condamné pour proxénétisme les exploitants d'un établissement de massage thaïlandais[33]. Les juges ont alors estimé qu'il y avait prostitution dès lors « qu'une personne livrait son corps aux appétits sexuels d'autrui contre rémunération, sans qu'il soit nécessaire qu'il y ait consommation de l'acte sexuel[34] ». Depuis, la jurisprudence est constante sur ce point. La confirmation par la Cour de cassation se fera en 1996, lorsque la chambre criminelle rendra l'arrêt fondateur de la définition actuelle de la prostitution. Elle affirmera ainsi que « la prostitution consiste à se prêter, moyennant une rémunération, à des contacts physiques de quelque nature qu'ils soient, afin de satisfaire les besoins sexuels d'autrui[35] ». Cette approche n'exige plus de relation sexuelle complète mais seulement un contact physique à des fins sexuelles. La prostitution est « une affaire de comportement, et non de résultat[36] ». On en revient finalement à la définition originaire de la prostitution donnée par le *Digeste* sous Justinien : « Femme qui se donne publiquement, pour de l'argent et non pour le plaisir ».

B. Les critères identifiés

En combinant toutes les définitions précédentes, il est possible de dégager les critères de la prostitution. Il faut entendre par là que la prostitution comprend tant des critères

32 CA Paris, 3 janv. 1952, *Rev. sc. crim.* 1952, p. 453.

33 T. corr. Thionville, 8 mars 1977, *JCP* 1978. II. 18796.

34 Py (B.), art. préc.

35 Cass. crim., 27 mars 1996, n° 95-82.016.

36 Mayaud (Y.), Pour une autre définition de la prostitution, *Rev. sc. crim.* 1996, p. 854.

certains de définition que des critères discutables[37]. Partant, certains critères sont à évincer. Ainsi, les critères parfois avancés de l'habitude[38] et de la multiplicité des partenaires[39] ne font plus partie des éléments permettant d'identifier la prostitution. D'autres critères, en revanche, sont absolument à retenir car caractérisant véritablement la prostitution. Il s'agit du contact sexuel et de la présence de la rémunération.

La rémunération — Le décret du 5 novembre 1947 considérait la prostitution comme « le fait de consentir habituellement à des rapports sexuels avec un nombre indéterminé d'individus moyennant rémunération ». Il imposait donc la rémunération. Partant, la prostitution suppose que cet acte s'intègre dans un « échange vénal ». La personne prostituée accepte l'acte de nature sexuelle en contrepartie d'une rémunération. Toutefois, « la rémunération ne doit pas être limitée par le sens commun du terme, à savoir l'argent reçu pour le prix d'un service. Elle doit s'étendre à toutes les formes de compensation économique[40] ». La rétribution prend généralement une forme monétaire, mais peut également adopter d'autres formes : drogues, hébergement, nourriture, vêtements, bijoux, etc.[41], en somme, tout avantage matériel consenti[42].

---

37 RASSAT (M.-L.), Proxénétisme et infractions qui en résultent, *JurisClasseur Pénal Code*, 2012.

38 L'arrêt de 1912 paraissait imposer l'habitude pour qualifier la prostitution. Le législateur a même exigé, pour certaines infractions, que la prostitution soit habituelle. Toutefois, la loi n'a pas exclu de son champ d'application la prostitution occasionnelle. Et, *de facto*, il existe une prostitution occasionnelle. Partant, un acte isolé de prostitution peut suffire à retenir la qualification de proxénétisme quand la loi ne prévoit pas l'habitude ; RASSAT (M.-L.), art. préc.

39 Ce critère n'est pas non plus exigé, étant donné qu'un seul acte de prostitution suffit. Les critères parfois avancés de multiplicité ou d'absence de choix des partenaires et d'habitude sont ici inopérants (*ibid.*).

40 OUVRARD (L.), *op. cit.*, p. 22.

41 POULAIN (R.), *Les enfants prostitués, l'exploitation sexuelle des enfants*, préc., p. 45.

42 Cass. crim., 22 juillet 1959, *D.* 1959, p. 491.

Le contact physique — Dans sa définition de la prostitution de 1996, la Cour de cassation considérait que le but du fait prostitutionnel est de satisfaire les besoins sexuels d'autrui. La prostitution n'implique alors pas forcément la consommation de l'acte sexuel, il y a prostitution du moment que l'acte sexuel apporte du plaisir sexuel. Ainsi, se pose la question des pratiques sexuelles ne nécessitant pas de contact physique. Les juges ont d'abord retenu une définition très extensive de l'acte sexuel. Au début du XXe siècle, où le droit était imprégné de conception morale et religieuse, la formule utilisée était celle des « actes de lubricité ». Cela sous-entendait que la prostitution ne nécessitait pas forcément un contact physique. Puis le décret de 1947 a cantonné les échanges prostitutionnels aux seuls rapports sexuels. Finalement, les tribunaux ont été amenés à élargir la notion pour permettre une plus grande répression du proxénétisme. Le décret de 1947 ayant ainsi été abrogé en 1960, les juges ont réutilisé la notion de 1912 qui affirmait que la prostitution ne nécessitait pas l'existence d'un rapport sexuel complet. C'est finalement en 1996 que la Cour de cassation a défini les actes prostitutionnels comme « des contacts physiques de quelque nature qu'ils soient ». Dans cette affaire, il était question de salon de massages thaïlandais où les hôtesses pratiquaient « des massages, des attouchements, caresses et effleurements sur les hommes[43] ». La Haute Juridiction a estimé que la notion de « contacts physiques de quelque nature qu'ils soient » englobe de tels faits, tant qu'ils ont une connotation sexuelle, sans forcément la nécessité d'un rapport sexuel complet.

---

[43] Cass. crim., 27 mars 1996, préc..

Section 2. La réception sociétale de la prostitution

Plusieurs modèles se sont succédé dans le temps (§1), jusqu'à aboutir, pour ce qui concerne la France, à l'adoption du modèle néo-abolitionniste (§2).

§1. Les modèles anciens

Les modèles anciennement connus en France sont au nombre de trois : le prohibitionnisme (A), le réglementarisme (B) et l'abolitionnisme (C). La France a oscillé entre ces trois systèmes en faisant évoluer son regard sur le phénomène. Ils ont ainsi tous connu, à diverses époques, des traductions concrètes.

A. Le prohibitionnisme

Dans les pays dits « prohibitionnistes », le fait de vendre des actes sexuels est totalement interdit. La base de cette interdiction est l'incrimination de la prostitution en elle-même *via* l'infraction de racolage. Cette interdiction est couplée avec des sanctions pénales visant les clients de la prostitution.

En France, cette politique se retrouve au Moyen âge, où le prohibitionnisme était la règle[44]. C'est en 506 que le Roi des Wisigoths Albéric II promulgue le bréviaire d'Alaric. Il interdit la prostitution et sanctionne aussi bien les personnes prostituées que les proxénètes[45]. Puis, à partir du XVIIe siècle, le réglementarisme redevient la règle. Ainsi, par trois ordonnances royales du 20 avril 1684, Louis XIV tente d'enrayer le phénomène prostitutionnel, en décidant de l'enfermement des femmes prostituées à la Salpêtrière[46].

---

[44] GEOFFROY (G.), rapport préc.

[45] *Ibid.*

[46] *Ibid.*

Cette politique prohibitionniste est aujourd'hui celle pratiquée, par exemple, en Roumanie.

B. Le réglementarisme

Dans les pays dits « réglementaristes », la prostitution fait l'objet d'un encadrement sanitaire et social de la part des autorités. C'est ainsi que, vers 1350, les municipalités vont favoriser la création de maisons closes ou maisons de tolérance. Puis, sous le Consulat, il devint nécessaire de canaliser le péril vénérien dû à la syphilis que le prohibitionnisme n'avait pas réussi à encadrer[47]. Théorisé aux alentours de 1789, le discours réglementariste fut élaboré au cours de la Monarchie de Juillet par le médecin Alexandre Parent Duchâtelet qui considère la prostitution comme un mal nécessaire qu'il faut autoriser mais encadrer. Il veut rendre la prostitution moins visible[48]. Cependant, « le système réglementariste ne porte pas ses fruits. En effet, il ne permet pas de contenir la prostitution visible, les prostituées clandestines ne travaillant pas dans les maisons de tolérance[49] ». Ainsi, sous l'influence des campagnes abolitionnistes menées en Angleterre par la féministe Joséphine Butler, Yves Guyot va mener en France ce même combat pour que la France entre en politique abolitionniste. Typiquement, cette politique réglementariste est celle choisie par les Pays-Bas.

C. L'abolitionnisme

Dans les pays « abolitionnistes », la prostitution n'est pas illégale. Toutefois, ces pays aspirent à sa disparition et dans ce but, vont autoriser la prostitution sans toutefois prévoir de règles spécifiques à celle-ci, par crainte de la favoriser.

---

47 OUVRARD (L.), *op. cit.*, p. 27.

48 *Ibid.*, p. 28.

49 GEOFFROY (G.), rapport préc.

En France, le changement de politique s'est fait en 1946 avec la loi dite loi « Marthe Richard[50] » relative à l'abolition des maisons de prostitution entraînant la fermeture des maisons de tolérance et réprimant plus sévèrement le proxénétisme. Ce n'est qu'en 1960 avec la loi relative à l'abolition du fichier sanitaire et social[51] et par la ratification de la Convention Internationale des Nations Unies pour la répression de la traite des êtres humains et de l'exploitation de la prostitution d'autrui du 2 décembre 1949, que la France devient un pays abolitionniste. Aujourd'hui cette politique est celle pratiquée en Espagne. Toutefois, impulsée par les pays nordiques, la France va basculer dans un modèle de politique prostitutionnelle contemporain : le néo-abolitionnisme, pour tenter de lutter plus efficacement contre la prostitution.

§2. Le modèle contemporain : le néo-abolitionnisme

Dans le but de lutter contre la prostitution, la France a fait le choix d'une politique plus contemporaine : le néo-abolitionniste. La lutte contre la prostitution est aujourd'hui plus que jamais une nécessité. Elle est nécessaire à deux égards : d'une part, le recours à (et l'exploitation de) la prostitution porte une atteinte évidente aux droits de l'homme. Du principe de la dignité humaine, il ressort l'idée que la personne humaine doit être traitée avec respect et considération et non pas comme un objet. Érigé en principe à valeur constitutionnelle par le Conseil Constitutionnel[52], la Cour de Justice de l'Union Européenne en a fait de son côté un principe général communautaire[53]. La Cour Européenne des

[50] Loi n° 46-685, dite Marthe Richard, tendant à la fermeture des maisons de tolérance et au renforcement de la lutte contre le proxénétisme, 13 avril 1946.

[51] OUVRARD (L.), *op. cit.*, p. 28.

[52] Cons. const., 27 juillet 1994, n° 94-343/344 DC.

[53] CJCE, 9 octobre 2001, aff. C. 377/98, *Royaume des Pays-Bas c. Parlement et conseil.*

Droits de l'Homme a tenté une conciliation entre la prostitution et la dignité humaine, dans sa décision *Tremblay c. France* : « Elle juge la prostitution incompatible avec les droits et la dignité de la personne humaine dès lors qu'elle est contrainte »[54]. La juridiction européenne dissocie ce problème de dignité de l'atteinte à la non-patrimonialité du corps humain qui dépasse la volonté de l'individu. Toutefois, ce principe est malmené par l'activité prostitutionnelle, qui « réduirait le corps humain à l'état d'un bien. Or, le principe de la non-patrimonialité du corps humain fait obstacle à ce que la personne soit propriétaire de son corps et qu'elle en dispose librement. À partir de ce constat, les politiques publiques françaises ont pour objectif la disparition de la prostitution »[55].

D'autre part, la lutte contre la prostitution relève d'enjeux sanitaires. Les pratiques prostitutionnelles favorisent la propagation du VIH, de l'hépatite B et C[56]. Ainsi, la prostitution est un milieu vecteur de maladies sexuellement transmissibles. S'y ajoutent des problématiques d'addiction. Si la consommation d'alcool n'est pas plus importante chez les personnes prostituées que dans la population générale, la consommation est plus importante pour le tabac et le cannabis[57]. Enfin, les personnes prostituées sont exposées à des conditions de travail, en plus d'être dégradantes, dangereuses. Des problèmes de santé découlent directement de l'activité de prostitution, allant de problèmes urinaires, de fertilité, de troubles du cycle menstruel, douleurs ova-

---

[54] CEDH, *Tremblay c. France*, 11 septembre 2007, n° 37194/02.

[55] CORNELOUP (S.) et ZÖLLS (A.), L'étranger prostitué en droit français : une protection en demi-teinte, *RDSS* 2019, p. 85.

[56] Conseil national du Sida, *VIH et commerce du sexe : garantir l'accès universel à la prévention et aux soins*, 16 septembre 2010.

[57] Haute Autorité de la Santé, *Rapport sur l'état de santé des personnes en situation de prostitution et des travailleurs du sexe et identification des facteurs de vulnérabilité sanitaire*, janvier 2016.

riennes[58], à des véritables souffrances psychologiques. Les personnes prostituées sont également plus exposées à la violence : elles ont 120 fois plus de risques d'être assassinées que le reste de la population[59].

Pour pallier les différents problèmes que pose la prostitution, il a fallu la faire reculer, notamment en prévoyant des dispositions répressives, mais aussi des dispositions de protection sociale. Ce n'est toutefois pas en 2016 que la France a innové. Cette politique était initialement celle choisie par nos voisins nordiques dès 1999 sur laquelle la France s'est alignée en 2016 (A). Par ailleurs, la France ne s'est pas engagée dans le néo-abolitionnisme en 2016, mais quatorze ans plus tôt, en 2002, en matière de prostitution des mineurs (B).

A. La genèse de la politique néo-abolitionniste adoptée par la France en 2016

Les pays nordiques : Les précurseurs de la politique néo-abolitionniste — Le 1er janvier 1999 est instaurée pour la première fois en Europe la pénalisation des clients de personnes prostituées. C'est en Suède que cette incrimination voit le jour en premier avec la loi « *Kvinnofrid* ». C'est ensuite l'Islande et la Norvège qui emboiteront le pas en 2009. La Grande Bretagne en 2008 et la Finlande en 2006 ont également pénalisé les clients de personnes prostituées, mais uniquement si elles sont victimes d'exploitation, alors que la Suède, l'Islande et la Norvège pénalisent le client peu importe les circonstances. C'est le choix fait par la France en 2016.

---

[58] FARLEY (M.), Prostitution and trafficking in nine countries : an update on violence and post-traumatic stress disorder, *Journal of Trauma Practice*, vol. 2, 2004, p. 26.

[59] Haute Autorité de la Santé, rapport préc.

La « Loi prostitution » française de 2016[60] — Le ministère de la justice a indiqué que « La loi du 13 avril 2016 a été conçue comme un dispositif cohérent, permettant d'aborder la prostitution de façon globale en déclinant des mesures dans le champ de la prévention, de l'accompagnement et de la prise en charge des personnes prostituées, et de la répression des auteurs de violences et d'exploitation. »[61]. Par cette loi, le législateur a placé la personne prostituée au cœur d'un régime de protection. A ainsi été créé un parcours de sortie de la prostitution ou encore une autorisation provisoire de séjour. Par ailleurs, la loi fait maintenant de la personne prostituée, non plus une délinquante auteure d'infraction mais une victime, par la dépénalisation du racolage. Dès lors, la personne prostituée ne tombe sous le coup d'aucune incrimination pénale. Enfin, et c'est là le volet principal de la loi, le législateur entend responsabiliser les clients de personnes prostituées en instituant la contravention de recours à la prostitution (qui devient un délit en cas de récidive). Le législateur espère ce faisant un recul de la prostitution par la moralisation de la sexualité.

B. Une première forme de néo-abolitionnisme en 2002 pour la prostitution des mineurs

Malgré la distinction entre le régime juridique de la prostitution des personnes mineures et des personnes majeures, d'un point de vue sociologique, il est difficile de tracer une ligne de démarcation radicale entre la prostitution adulte et la prostitution des mineurs. Historiquement, ces prostitutions se sont développées simultanément et apparaissent étroitement entremêlées. « L'industrie de la prostitution ne fait pas de distinction et exploite indifféremment la prostitution des

---

[60] Loi n° 2016-444 du 13 avril 2016 visant à renforcer la lutte contre le système prostitutionnel et à accompagner les personnes prostituées.

[61] Réponse du Ministère de la Justice, publiée dans le JO du Sénat le 8 nov. 2018, p. 5693.

mineurs et la prostitution des majeurs »[62]. Ainsi, la prostitution des personnes mineures et la prostitution des personnes majeures coexistent. Différentes lois sont toutefois venues successivement encadrer la prostitution des mineurs car « la débauche des plus jeunes est vécue comme le mal absolu[63] ». Par ailleurs, « l'indignation générale s'élève devant la perte des valeurs morales de la société[64] ». Il a donc été nécessaire de légiférer.

La législation au 20e siècle — Dès 1908 une loi consacrée à la prostitution des mineurs vise à éduquer les jeunes sexuellement déviants[65]. Cette loi organise l'intervention civile concernant la débauche des plus jeunes. Toutefois, cette loi ne sera quasiment jamais appliquée car s'inscrivant dans une procédure civile, le juge ne peut pas demander aux forces de l'ordre d'amener le mineur prostitué devant les tribunaux. C'est par la suite qu'intervient la loi du 24 mars 1921 qui permet de sanctionner, sans le dire, la prostitution sous le couvert du vagabondage. Les termes de vagabondage et de prostitution seront synonymes[66]. Malgré la dépénalisation du vagabondage en 1935 et les ordonnances de 1945 sur les mineurs, on continue de penser qu'une vagabonde est une prostituée en devenir. Ainsi, avec les ordonnances de 1945, les jeunes en risque de prostitution sont considérés comme des personnes vulnérables à protéger. Il faut attendre la loi du 23 décembre 1958, avec l'apparition de l'assistance éducative pour que la notion de vagabondage disparaisse. De manière générale, cette loi rappelle que la

---

62 POULAIN (R.), *op. cit.*, p. 162.

63 Blanchard (V.), Les filles « perdues » sont-elles amendables ? Les mineures prostituées devant le tribunal de la Seine dans les années 1950, *Le temps de l'histoire. Revue d'histoire de l'enfance « irrégulière »*, n° 10, 2008, p. 35, spéc. p. 38.

64 *Ibid.*

65 Loi relative à la prostitution des mineurs, ayant pour objet d'assurer la répression de la prostitution des mineurs de 18 ans et d'édicter des mesures de nature à obtenir le redressement moral des mineurs, JO, 15 avril 1908.

66 BLANCHARD (V.), art. préc., p. 39.

prostitution n'est pas un délit. C'est après l'affaire Dutroux que les associations en 1980 ont pris conscience du phénomène. Ce drame a en effet permis une nouvelle réflexion sur les lacunes de la justice et a joué un rôle détonateur dans la prise de conscience[67]. C'est donc en 1996, à Stockholm, qu'un congrès s'est déroulé pour dresser le procès de l'industrie mondiale du trafic d'enfants et d'adolescents et des filières pédophiles et y donner une réponse[68]. A la suite de ce congrès, de nombreux textes ont vu le jour, tant au plan national qu'international.

La loi fondamentale de 2002 — La loi du 4 mars 2002 relative à l'autorité parentale[69] voit donc le jour. Cette loi est aujourd'hui le socle juridique de la prostitution des mineurs dans sa conception néo-abolitionniste. Il est tout de même intéressant de noter qu'à l'origine, cette loi n'avait pas vocation à contenir des dispositions relatives à la prostitution des mineurs. Mais, dans le même temps de la loi, l'UNICEF annonçait entre 3000 et 8000 mineurs prostitués en France. Le Premier Ministre a donc souhaité « la mise en place de mesures destinées à renforcer la lutte contre la prostitution enfantine, parmi lesquelles figure l'incrimination du recours à la prostitution d'un mineur de plus de quinze ans[70] ». C'est donc le Sénat, à l'initiative du gouvernement, qui décidera d'introduire un article 13 concernant la pénalisation du client de mineurs prostitués : « Sur proposition du Gouvernement et conformément à l'annonce faite par le Premier ministre lors des états généraux de la protection de l'enfance, le Sénat a institué une incrimination spécifique de recours à la prostitution d'un mineur, permettant de sanctionner les clients de mineurs prostitués, quel que soit l'âge de ces derniers, alors que jusqu'à présent, seul le recours à la prostitution de mi-

---

67 MIMOUNI (R.), *Prostitution enfantine et droit pénal*, Thèse, Paris 1, 2003, p. 21.

68 *Ibid.*

69 Loi n° 2002-305 du 4 mars 2002 relative à l'autorité parentale.

70 *Ibid.*

neurs de moins de quinze ans était pénalement sanctionné[71] ».

Il sera également proposé ensuite d'inscrire dans la loi l'interdiction textuelle de la prostitution des mineurs sur tout le territoire de la République sans toutefois n'y associer aucune peine. Le deuxième alinéa de cette interdiction pose le principe selon lequel « tout mineur se livrant à la prostitution est un mineur en danger relevant de la protection du juge des enfants au titre de la procédure d'assistance éducative ». Avec cette loi, les mineurs sont donc devenus des personnes en danger, voire, victimes de prostitution.

On s'aperçoit que la prostitution des personnes mineures revêt un caractère particulier qui mérite que l'on y consacre une étude approfondie. La prostitution des mineurs étant une forme particulière de prostitution, il conviendra dans cette étude de se demander **comment le droit pénal encadre ce phénomène particulier pour assurer la protection effective de la personne mineure ?**

L'étude approfondie de la loi de 2002, combinée à d'autres lois, conduit à constater que l'encadrement juridique de la prostitution des mineurs se traduit par deux tendances complémentaires. D'une part, la protection du mineur (**Première partie)** où il s'agira de s'intéresser à l'encadrement de l'activité même de la prostitution des mineurs par le droit pénal. Il conviendra donc d'étudier comment le législateur organise la protection du mineur prostitué, en s'attachant tant à la protection par la reconnaissance de son statut de victime ou d'enfant en danger que par les règles procédurales adaptées à son âge, sa vulnérabilité et sa situation.

Et d'autre part, la répression des autres acteurs du phénomène prostitutionnel (**Deuxième Partie)**. Il s'agira de

[71] DOLEZ (M.), *Rapport fait au nom de la commission des lois sur la proposition de loi relative à l'autorité parentale*, n° 3435, Assemblée Nationale, 5 décembre 2001.

s'attacher à l'encadrement de la prostitution des mineurs par la répression des auteurs. Bien que la prostitution ne soit pas réprimée, les activités qui y sont irrésistiblement attachées, elles, le sont. « Prostitution enfantine et tourisme sexuel sont deux phénomènes étroitement liés, en expansion depuis trente ans. La traite des enfants et particulièrement la traite à des fins de prostitution et de pornographie, sont désormais une industrie à l'échelle mondiale ». Nous verrons ainsi successivement la répression des clients et celle des proxénètes en fonction des différentes formes que peut prendre la prostitution des mineurs.

1ère PARTIE
L'ENCADREMENT PAR LA PROTECTION

La protection du mineur est un débat qui est venu très progressivement dans notre système. Le droit des mineurs est apparu de manière relativement récente au XXème siècle, où a commencé à émerger l'idée d'apporter aux enfants une protection particulière. C'est en 1989 que le tournant est pris : la Convention Internationale des Droits de l'Enfant (CIDE) voit le jour. C'est le premier texte obligatoire qui reconnaît des droits aux enfants[72]. L'enfant devient un sujet à protéger. Ainsi « l'enfant, en raison de son manque de maturité physique et intellectuelle, a besoin d'une protection spéciale et de soins spéciaux, notamment d'une protection juridique appropriée, avant comme après la naissance[73] ». En ce sens, l'article 19 de la CIDE dispose que « Les États parties prennent toutes les mesures législatives, administratives, sociales et éducatives appropriées pour protéger l'enfant contre toute forme de violence ». Enfin, l'article 34 de la CIDE prévoit que « Les États parties s'engagent à protéger l'enfant contre toutes les formes d'exploitation sexuelle et de violence sexuelle ».

La France, en 2002, a légiféré en ce sens. Dans l'article 13 de la loi relative à l'autorité parentale, le législateur pose le principe selon lequel : « I. - La prostitution des mineurs est interdite sur tout le territoire de la République. II. - Tout mineur qui se livre à la prostitution, même occasionnellement, est réputé en danger et relève de la protection du juge des enfants au titre de la procédure d'assistance éducative ».

---

[72] D'autres textes viendront par la suite reconnaître des droits aux enfants et interdire le tourisme sexuel.

[73] Préambule de la Convention internationale des droits de l'enfant du 20 novembre 1989.

Dans un **premier chapitre** nous envisagerons alors le postulat du législateur selon lequel le mineur prostitué est un enfant en danger. Ce postulat conduit irrésistiblement, sur le plan juridique, à un résultat, consistant en la mobilisation de mesures juridiques adaptées, objet d'un **second chapitre**.

Chapitre 1. Le mineur prostitué, un enfant en danger

« Tout mineur qui se livre à la prostitution, même occasionnellement, est réputé en danger[74] ». Le postulat admis par la France selon lequel l'enfant prostitué est un enfant en danger s'exprime au travers d'un double refus : d'une part, le refus de voir dans le mineur prostitué un auteur d'infraction (Section 1), et d'autre part, le refus de voir dans la prostitution du mineur un acte de liberté (section 2).

Section 1. Le refus de voir dans le mineur prostitué un auteur d'infraction

Ce refus a poussé le législateur à faire de la prostitution des mineurs un interdit dépourvu de toute sanction (§1) et, en conséquence, à abroger les infractions de racolage (§2).

§ 1. La prostitution des mineurs, un interdit sans sanction

Pour qu'une norme puisse être qualifiée de norme d'incrimination (et que, à la suite, une infraction puisse être caractérisée en cas de transgression), celle-ci doit définir un comportement prohibé et y adjoindre une sanction. Or, en l'absence de toute peine attachée à ce comportement, il est impossible de voir dans la prostitution des mineurs une in-

[74] Article 13 de la loi n° 2002-305 du 4 mars 2002.

fraction (B). En la matière, seule la norme de comportement est définie : l'interdiction de la prostitution des mineurs (A).

A. La norme de comportement : l'interdiction de se prostituer pour les mineurs

En vertu du principe de la légalité criminelle, est imposée l'existence d'un texte législatif ou réglementaire pour incriminer un comportement, c'est-à-dire le définir et l'interdire. On parle alors de norme de comportement. Elle correspond à une attente particulière du législateur en accord avec des normes sociales. Dans le cas de la prostitution des mineurs, la norme de comportement est l'interdiction pour le mineur de se prostituer. Cette interdiction reste néanmoins purement déclarative. Cette norme de comportement, tout en étant nécessaire, peut s'avérer contraire aux droits des mineurs.

L'interdiction de la prostitution des mineurs — Cette interdiction n'était initialement pas prévue dans la proposition de loi relative à l'autorité parentale formulée par M. Jean-Marc Ayrault[75], ni en première lecture, ni en deuxième lecture par l'Assemblée Nationale. L'apparition de la notion de la prostitution des mineurs et du recours à la prostitution des mineurs est issue de la proposition de loi émanant du Sénat en deuxième lecture. L'interdiction même de la prostitution des mineurs est issue d'un amendement déposé par R. Badinter[76]. En réaction, des rapporteurs s'y sont montrés défavorables considérant « qu'une telle interdiction conduirait à stigmatiser les prostitués mineurs plutôt qu'à les considérer comme des victimes », que « la référence au territoire de la République pouvait être interprétée comme une autorisation à recourir à la prostitution des mineurs à l'étran-

[75] AYRAULT (J.-M.), Proposition de loi relative à l'autorité parentale, Assemblée Nationale, n° 3074, 17 mai 2001.

[76] Amendement N°26, R. Badinter, 13 février 2002.

ger »[77]. D'autres enfin ont estimé que « l'ambiguïté du texte conduirait à la pénalisation des mineurs et la non-répression du tourisme sexuel »[78]. À l'inverse certains se sont montrés favorables considérant « qu'il était incohérent de pénaliser les clients sans préciser que la prostitution était interdite[79] » et « qu'il était utile d'affirmer le principe de l'interdiction de la prostitution des mineurs[80] ». Le Sénat retint alors cette norme de comportement : l'interdiction de se prostituer pour les mineurs, à l'article 12[81]. Le déplacement définitif à l'article 13 sera adopté le 21 février 2002[82]. Cette proclamation solennelle montre la volonté du Gouvernement et du Parlement de mettre un terme à cette forme d'esclavage moderne que constitue pour un mineur le fait de se prostituer, la prostitution des mineurs correspondant aujourd'hui à une réalité sociale indigne d'une société démocratique respectueuse des droits de l'homme et soucieuse d'assurer de façon aussi efficace que possible la protection de la dignité humaine, et spécialement celle des enfants[83].

L'absence de portée juridique de l'interdiction — Cette interdiction ne figure pas dans le Code Pénal[84], elle n'a donc pas d'effet juridique direct. Cette absence d'inscription dans le Code Pénal démontre l'aspect symbolique de l'interdiction de la prostitution des mineurs. Elle s'inscrit, *de*

---

[77] Examen des amendements par le Sénat le 13 février 2002.

[78] Avis de Mme Nicole Borvo.

[79] Avis de M. Michel Cointat.

[80] Avis de M. Maurice Ulrich.

[81] Proposition de loi modifiée par le Sénat en deuxième lecture, n° 3613, 14 février 2002.

[82] Proposition de loi adoptée sans modification par l'Assemblée nationale en troisième lecture le 21 février 2002 (T.A. 806).

[83] Circulaire de la direction des affaires criminelles et des grâces : Crim. 2002-09 e8/24-04 2002 Nor : jusd0230073c.

[84] CUTAJAR (C.), La protection du mineur dans la loi du 4 mars 2002, *AJ Famille* 2002, p. 135.

facto, dans le courant souhaité par les politiques criminelles abolitionnistes.

L'interdiction de la prostitution face aux droits des mineurs — Au moment de l'adoption de cet article 13 interdisant la prostitution des mineurs, il était de principe en droit français que « tout adolescent peut avoir des relations sexuelles, librement, à partir de quinze ans » et que « la prostitution n'est pas interdite à celles et ceux qui choisissent de l'exercer »[85]. Cela relève de la vie privée de chacun. Le droit à choisir sa sexualité et le droit à la libre disposition de son corps reposent sur ce principe. Ce droit à la vie privée, constitutionnellement reconnu, se retrouve à l'article 8 § 1 de la Convention de sauvegarde des droits de l'homme et des libertés fondamentales[86] et à l'article 9 du Code Civil[87]. En effet, la liberté d'agir érotiquement, c'est-à-dire de s'exprimer sexuellement selon son propre choix est une manifestation de la vie privée[88]. Partant, la liberté sexuelle implique la possibilité d'entretenir des relations sexuelles avec qui nous le souhaitons et dans les conditions convenues avec nos partenaires[89]. Dans ce sens, en 2006, la haute juridiction a estimé qu'un mineur de treize ans pouvait avoir une relation sexuelle avec un autre mineur de quatorze ans de manière consentie[90]. La Cour a même été plus loin en admettant la possibilité de relation sexuelle entre frère et sœur âgés respectivement de treize et huit ans[91]. Dès lors, les jeunes mineurs peuvent avoir des relations sexuelles entre eux. De

---

85 BADINTER (R.), amendement préc.

86 « Toute personne a droit au respect de sa vie privée ».

87 « Chacun a droit au respect de sa vie privée ».

88 BORRILLO (D.), *Disposer de son corps : un droit encore à conquérir*, Textuel, coll. Petite encyclopédie critique, 2019, p. 106.

89 *Ibid.*

90 Cass. crim., 29 mars 2006.

91 Cass. crim., 17 Septembre 1997, n° 97-83.617. Il existe toutefois des cas identiques où cela n'a pas été accepté par la Cour de cassation.

plus, « certaines personnes peuvent ressentir le besoin d'exprimer leur personnalité par la manière dont elles décident de disposer de leur corps[92] ». Ce principe de libre disposition du corps humain pose le fait que chacun décide de ce qui lui semble le mieux pour lui, dans son intérêt. Pourquoi le mineur n'aurait-il pas alors le droit de choisir sa propre sexualité, même vénale ?

Pour justifier l'interdiction générale de la prostitution des mineurs, le Sénat ajoute que « La pénalisation nouvelle des relations sexuelles contre rémunération entre un majeur et un mineur se livrant à la prostitution emporte une dérogation à ces principes qu'il est nécessaire d'inscrire dans la loi[93] ». En outre, le droit à la libre disposition du corps humain peut se trouver contrecarré par celui de l'indisponibilité du corps humain. « Dès qu'il s'agit en revanche d'un rapport à autrui, c'est un principe d'indisponibilité du corps humain qu'il faut appliquer. Le consentement à ce qu'autrui porte atteinte à notre corps est alors inopérant. La prostitution rentre dans ce cas »[94]. L'article 13 interdisant la prostitution des mineurs se trouve aujourd'hui tout à fait légitime. Il affirme solennellement que « la prostitution des mineurs est interdite sur tout le territoire de la République[95] ». Ériger cette norme de comportement en interdiction générale de prostitution des mineurs permet de ne plus les considérer comme délinquant mais comme personne en danger. Cette volonté législative se confirme avec l'absence de peine associée.

---

92 CEDH, *Pretty c/ Royaume-Uni*, 29 avril 2002, n° 2346/02.

93 *Ibid.*

94 FABRE-MAGNAN (M.), Consentir à se mettre à disposition d'autrui n'est pas la liberté, *Revue prostitution et société du Mouvement du Nid*, janvier 2019.

95 Article 13, al. 1er, de la loi n° 2002-305 du 4 mars 2002.

B. La norme de comportement : l'interdiction de se prostituer pour les mineurs

L'interdiction de la prostitution des mineurs n'est pas une incrimination, et ce pour deux raisons : d'une part, il n'y a aucune norme de pénalité associée à la norme de comportement, et d'autre part, cette interdiction générale ne figure volontairement pas dans le Code Pénal. Cela permet de considérer le mineur comme une victime et lui apporter une aide par des mesures d'assistance éducatives. On constate alors un glissement du droit pénal vers un droit souple en matière de prostitution des mineurs.

L'absence de peine associée — L'interdiction de la prostitution des mineurs n'est assortie d'aucune peine. Par conséquent, un mineur qui se prostitue, bien que la prostitution lui soit interdite, ne tombe sous le coup d'aucune infraction pénale. Il s'agit donc d'une simple disposition de principe, sans portée juridique et introduite à des fins pédagogiques[96]. Dans un rapport sur la loi relative à l'autorité parentale, il nous est rappelé qu' « aucune sanction n'est heureusement prévue : il serait paradoxal de sanctionner celui ou celle qui n'est en fait qu'une victime. Elle permet néanmoins d'expliquer l'incrimination de recours à la prostitution des mineurs et d'annoncer les dispositions sur les mesures d'assistance éducative[97] ». Lors du projet de loi, certains rapporteurs se sont élevés en considérant qu'une telle proclamation « n'avait pas sa place dans le code pénal qui ne procédait jamais par interdiction générale mais définissait successivement chaque crime et délit[98]. » En conséquence, l'interdiction générale pour les mineurs de se prostituer n'a pas été inscrite dans le Code Pénal et permet de les considérer comme victimes.

---

96 DOLEZ (M.), rapport préc.

97 *Ibid.*

98 Examen des amendements par le Sénat le 13 février 2002.

Le mineur considéré comme victime — Les associations déclarent que, dans la plupart des cas, quand les mineurs en situation de prostitution sont appréhendés par les autorités policières ou pris en charge par les services sociaux, ils sont trop souvent traités comme des délinquants. Le fait d'avoir déclaré que la prostitution est interdite sur tout le territoire de la République française, et d'avoir ajouté « que tout mineur qui se livre à la prostitution même occasionnellement, est réputé en danger et relève de la protection du juge des enfants au titre de la procédure d'assistance éducative[99] » affirme clairement l'objectif du législateur, non seulement de ne pas traiter les mineurs prostitués comme des délinquants mais comme des victimes et d'inciter les juges des enfants à placer les mineurs prostitués sous assistance éducative[100]. De plus, sans reconnaissance de leur situation de victime de prostitution, ces mineurs risquent de faire de la prostitution leur métier[101]. Cette interdiction pose ainsi une présomption de danger qui facilite la reconnaissance d'un statut de victime, et par conséquent, permet d'apporter une protection avec l'assistance éducative[102]. Néanmoins, cet effet juridique de l'interdiction n'étant pas

---

[99] Article 13, al. 2, de la loi n° 2002-305 du 4 mars 2002.

[100] CUTAJAR (C.), art. préc.

[101] Commission Nationale Consultative des Droits de l'Homme, Avis sur la proposition de loi renforçant la lutte contre le système prostitutionnel, 22 mai 2014.

[102] Pour que l'enfant soit placé sous des mesures d'assistance éducative, il faut avant tout qu'une information de situation préoccupante soit donnée (soit par signalement administratif, soit judiciaire). L'étude de cette information par la CRIP permet d'évaluer la situation du mineur en danger et de déterminer les actions de protection et d'aide. Un mineur en situation de prostitution est toujours une information préoccupante. Ces situations préoccupantes résultent d'un mauvais ou d'un non-exercice par les parents de leurs responsabilités. La procédure d'assistance éducative permet, en conséquence, d'assister les parents dans l'exercice de leur autorité parentale. Dans ce cadre, le juge pour enfant peut décider de placer le mineur dans une famille d'accueil ou dans un centre spécialisé accueillant des mineurs. Cette mesure permet d'éloigner l'enfant de son milieu, de sa famille et de ses pairs, dans le but de l'aider à se sortir du cercle vicieux de la prostitution et de retrouver un équilibre personnel.

une sanction, nous pouvons nous questionner sur le caractère obligatoire et contraignant de ce droit.

Un glissement vers du droit souple — Le droit souple est un ensemble de règles dont la juridicité peut être discutée au regard de son absence de force contraignante, qui est purement déclarative et recommandatoire. La souplesse d'une règle de droit peut se manifester de différentes manières. D'une part la souplesse de la norme dans son contenu, on parle alors de droit flou car sans précision (ce qui n'est pas le cas dans notre espèce, la loi étant très claire quant à la norme de comportement visée : la prostitution, et les destinataires : les mineurs). D'autre part le droit doux, qui n'a pas ou peu de force obligatoire (ce qui n'est pas non plus le cas ici, puisque le texte vise expressément une interdiction de norme de comportement qui doit être respectée) et enfin le droit mou qui n'a pas ou peu de force contraignante. C'est cette dernière facette du droit souple qui nous intéresse en matière d'interdiction de prostitution des mineurs. Le droit mou est un droit sans sanction, du moins sans sanction juridique prévue[103]. Ce droit n'est pas non plus dépourvu de toute conséquence puisqu'en cas de prostitution de mineurs, des mesures juridiques d'assistance éducative sont prévues. Par opposition au droit dur qui prévoit des sanctions pénales et qui est normatif, le droit souple n'est assorti d'aucune sanction et est déclaratoire. L'interdiction de la prostitution des mineurs n'ayant pas d'effet juridique, ni de sanction associée, cela peut laisser penser que, bien que de nature opposée, la loi pénale semble glisser vers la *soft law*[104].

---

103 THIBIERGE (C.), Le droit souple, *RTD civ.* 2003, p. 599.

104 MAGENDIE (J.-C.), Les événements de Moirans, la loi pénale et la « *soft law* », *Polemia*, 31 octobre 2015.

§ 2. La prostitution des mineurs, un interdit sans sanction

Le racolage a souvent été une infraction jugée utile ; c'est ainsi que différentes lois ont légiféré le concernant **(A),** avant, finalement, que sa dépénalisation intervienne en 2016, permettant d'être en cohérence avec la politique néo-abolitionniste choisie par la France et d'asseoir ainsi la non-pénalisation de la personne prostituée **(B).**

A. L'ancienne infraction de racolage

Définition du racolage — L'étymologie du verbe racoler remonte à une expression latine *ad collum*, signifiant littéralement « *se jeter au cou* » de quelqu'un. Le racolage était d'abord utilisé pour dénoncer des pratiques militaires, où des sergents-recruteurs étaient prêts à toutes les manœuvres frauduleuses pour faire signer de nouvelles recrues. C'est ensuite, par extension, que le racolage a été appliqué à la prostitution. Le racolage a donc été défini comme consistant en des agissements des personnes prostituées cherchant à recruter des clients. Le racolage est ainsi une offre explicite de services sexuels payants[105].

Le racolage avant 2003 — Dans l'ancien Code Pénal, deux textes relatifs au racolage coexistaient. Le racolage passif visait « Ceux dont l'attitude sur la voie publique est de nature à provoquer la débauche[106] », alors que le racolage actif visait « Ceux qui, par gestes, paroles, écrits, ou par tous autres moyens, procéderaient publiquement au racolage de personnes de l'un ou de l'autre sexe, en vue de les provoquer à la débauche[107] ». Le Code Pénal de 1994 a finalement réuni les deux infractions en une, en décidant de ne conserver que

---

105 PY (B.), art. préc.

106 Anc. C. pén., art. R. 34-13.

107 Anc. C. pén., art. R. 40-11.

le racolage actif qui devenait une contravention de 5e classe[108]. Le Garde des Sceaux, en 1995[109], justifiait cette dépénalisation par l'imprécision du texte d'incrimination entrainant des difficultés d'interprétation[110].

Le racolage après 2003 — Le racolage passif sera à nouveau incriminé avec une loi de 2003[111]. Dans le rapport de l'Assemblée Nationale en première lecture, deux explications sont avancées pour pénaliser à nouveau le racolage actif. La première réside dans l'objectif de lutter contre les réseaux de traite des êtres humains et de proxénétisme : « contrairement à ce qui est parfois affirmé, il est difficile de lutter contre le proxénétisme en ignorant purement et simplement les personnes prostituées. Lutter contre certaines manifestations de la prostitution a aussi pour effet de gêner l'action des proxénètes, en particulier de ceux qui se livrent à une véritable traite d'êtres humains. En outre, le démantèlement des réseaux de prostitution nécessite des témoignages des personnes exploitées ; dans ces conditions, les procédures engagées pour racolage pourraient permettre de mieux lutter contre des infractions beaucoup plus graves[112] ». La deuxième explication réside dans l'existence de nuisances à l'ordre public : « la prostitution suscite des nuisances graves dans de nombreux quartiers pour les habitants. Or, la volonté de faire respecter la tranquillité des citoyens n'est pas un

---

108 C. pén., art. R. 625-8.

109 Pierre Méhaignerie, Ministre de la Justice du 30 mars 1993 au 7 novembre 1995 (dans le Gouvernement d'E. Balladur).

110 Tous les auteurs s'accordaient pour affirmer qu'il s'agissait là d'un comportement infractionnel aux contours plus qu'incertains et subjectifs. La Cour de cassation a de fait retenu un grand nombre de comportements comme « le fait de dévisager les passants avec insistance ne pouvant laisser aucun doute sur l'intention de se livrer à la prostitution ».

111 Loi n° 2003-239 du 18 mars 2003 pour la sécurité intérieure.

112 COURTOIS (J.-P.), *Rapport fait au nom de la commission des lois*, n° 36, Sénat, 30 octobre 2002.

objectif totalement illégitime[113]». Partant, le législateur a inséré dans le Code Pénal, aux côtés du proxénétisme et des infractions qui en résultent, l'article 225-10-1 qui réprime le délit de racolage passif.

Toutefois, cette nouvelle infraction créait un paradoxe[114]. Coexistaient dans le Code Pénal le racolage passif qui était un délit[115] et le racolage actif qui était une contravention de 5e classe[116]. Il fallut redonner de la cohérence à l'édifice normatif par une nouvelle réforme[117]. Ainsi, un décret de 2004[118] abrogea la contravention de racolage actif pour ne laisser subsister que le délit de racolage passif qui devenait une contravention. Sa nouvelle formulation englobait le racolage passif et actif : « Le fait, par tout moyen, y compris par une attitude même passive, de procéder publiquement au racolage d'autrui en vue de l'inciter à des relations sexuelles en échange d'une rémunération ou d'une promesse de rémunération...[119] ».

L'utilité de l'infraction de racolage — Malgré le fait que le racolage permet de pénaliser les personnes prostituées, l'infraction présente une utilité à double titre : d'une part les mesures répressives que le racolage autorise aident à la connaissance des réseaux, permettant paradoxalement de mieux protéger celles qui sont à la fois mises en cause et

---

113 *Ibid.*

114 Py (B.), art. préc.

115 C. pén., art. 225-10-1 dans sa version en vigueur de 2003 à 2016.

116 C. pén., art. R. 625-8 dans sa version en vigueur de 2003 à 2004.

117 Py (B.), art. préc.

118 Décret n° 2004-1021 du 27 septembre 2004 portant modification du code pénal et du code de procédure pénale et relatif notamment au stage de citoyenneté, à la composition pénale, aux sûretés prononcées dans le cadre d'un contrôle judiciaire et à la juridiction de proximité.

119 C. pén., art. 225-10-1, dans sa version en vigueur de 2003 à 2016.

victimes.[120] En effet, la prise d'empreintes lors de la garde à vue, les auditions, les infiltrations numériques sont autant de moyens d'accumuler des renseignements permettant une meilleure compréhension des réseaux. D'autre part, l'infraction de racolage constitue un outil indispensable de gestion d'ordre public dans les villes et les lieux publics. Elle permet de répondre au sentiment d'insécurité des riverains et aux nuisances qui l'accompagnent[121]. Pourtant, la relation entre le nombre de racolages publics constatés et le démantèlement de réseaux de proxénétisme reste aujourd'hui incertaine. En effet, le casier judiciaire national enregistre, depuis 2003, chaque année, de façon relativement stable, environ 600 à 800 condamnations pour proxénétisme aggravé, sans lien apparent avec l'évolution du nombre de gardes à vue pour racolage[122]. De plus, le nombre d'affaires poursuivies du chef de racolage public a beaucoup baissé depuis la création du délit, et les peines prononcées à ce titre s'avèrent peu significatives, quand il ne s'agit pas de simples rappels à la loi[123]. Au regard de ces constats, la suppression du délit de racolage peut apparaitre logique, la recherche de renseignements ne pouvant en justifier, à elle seule, la survivance[124].

B. La dépénalisation du racolage

L'article 13 de la loi sur la lutte contre le système prostitutionnel de 2016[125] entend abroger le délit de racolage. Selon l'exposé des motifs des auteurs de la proposition de

---

[120] OLIVIER (M.), *Rapport fait au nom de la commission spéciale sur la proposition de loi renforçant la lutte contre le système prostitutionnel*, n° 1558, Assemblée Nationale, 19 novembre 2013.

[121] *Ibid.*

[122] *Ibid.*

[123] *Ibid.*

[124] *Ibid.*

[125] Loi n° 2016-444 du 13 avril 2016, préc.

loi, il s'agit ainsi de transposer certaines dispositions de la directive 2011/36/UE du Parlement européen relative à la traite qui auraient pour conséquence d'interdire de poursuivre en justice les victimes de la traite et de la prostitution[126]. L'article 8 de la directive[127] dispose en effet que : « Les États membres prennent, dans le respect des principes fondamentaux de leur système juridique, les mesures nécessaires pour veiller à ce que les autorités nationales compétentes aient le pouvoir de ne pas poursuivre les victimes de la traite des êtres humains et de ne pas leur infliger de sanctions pour avoir pris part à des activités criminelles auxquelles elles ont été contraintes en conséquence directe du fait d'avoir fait l'objet de l'un des actes visés à l'article 2 ». Cette option d'abrogation avait également été faite dans une proposition de loi[128] en 2012. Déjà, il était avancé que l'on pouvait légitimement « s'interroger sur la cohérence de notre dispositif pénal qui, d'un côté, considère la prostitution comme une activité licite, mais, d'un autre côté, rend passible de poursuites pénales la plupart des manifestations de celle-ci. La personne prostituée présente sur la voie publique est, dans le même temps, considérée par notre système juridique comme une victime et comme une délinquante potentielle [129] ». Cette situation serait en contradiction avec la position abolitionniste affirmée par la France depuis 1960[130]. Partant, pour satisfaire l'ambition abolitionniste de la France,

---

[126] MEUNIER (M.), *Rapport fait au nom de la commission spéciale sur la proposition de loi renforçant la lutte contre le système prostitutionnel*, n° 697, Sénat, 8 juillet 2014.

[127] Directive 2011/36/UE du Parlement européen et du conseil du 5 avril 2011 concernant la prévention de la traite des êtres humains et la lutte contre ce phénomène ainsi que la protection des victimes et remplaçant la décision-cadre 2002/629/JAI du Conseil.

[128] Proposition de loi visant à l'abrogation du délit de racolage public, enregistrée à la Présidence du Sénat le 2 octobre 2012.

[129] KLES (V.), *Rapport fait au nom de la Commission des lois*, n° 439, Sénat, 20 mars 2013.

[130] M. Jean-Pierre Godefroy. Séance du 28 mars 2013 (compte rendu intégral des débats).

il convient d'envisager un système global permettant de lutter contre l'achat de services sexuels, qui ne peut s'envisager, que par une responsabilisation du client et un accompagnement social et professionnel des personnes prostituées[131]. L'abrogation du délit de racolage est donc essentielle dans un pays qui se veut abolitionniste et protecteur.

Cette mesure était indispensable pour un meilleur accès aux droits et aux parcours de sortie de la prostitution. Ainsi, « les procédures en cours doivent être classées sans suite, ou, si les poursuites avaient été engagées, donner lieu à des relaxes motivées par l'extinction de l'action publique[132] ». En conséquence, l'infraction de racolage, qui était la seule que notre droit pénal imputait spécifiquement à la personne qui se prostitue[133], n'existe plus aujourd'hui, permettant alors de renforcer la position de victimes ou d'enfants en danger des mineurs prostitués.

Conclusion de la section 1 — En interdisant la prostitution des mineurs sans y associer de peine en 2002 tout en abrogeant l'infraction de racolage en 2016 et malgré un décalage dans le temps, le législateur fait aujourd'hui du mineur qui se prostitue une personne en danger qui ne tombe sous le coup d'aucune incrimination pénale.

Section 2. Le refus de voir dans la prostitution du mineur un acte de liberté

L'idée est que le mineur ne peut pas valablement consentir à une relation sexuelle, surtout avec un adulte (§1). À supposer que cette idée soit contestée, il est encore possible

---

[131] Mme Claudine Lepage. Séance du 28 mars 2013 (compte rendu intégral des débats).

[132] Circ. crim. 2016-03H, 18 avril 2016, JUSD1610555C, n° 1.1.

[133] LEPAGE (A.) et MATSOPOULOU (H.), *Droit pénal spécial*, PUF, 2015 p. 229.

de soutenir, en tout état de cause, que le mineur prostitué est toujours l'objet d'une contrainte (§2).

§1. L'absence de consentement du mineur prostitué

L'absence de consentement du mineur se justifie au regard du droit international où la prostitution est toujours vue comme une forme d'exploitation, il apparaît qu'un enfant ne peut pas consentir à sa propre exploitation (A). Néanmoins, l'âge du consentement reste la faille de la législation française (B).

A. L'incapacité du mineur à consentir à sa propre exploitation

De la prostitution enfantine à l'exploitation sexuelle des enfants — En France, et en accord avec le droit international, on ne parle pas de prostitution « choisie » pour un mineur mais d'exploitation sexuelle. La notion de prostitution enfantine est donc appelée exploitation sexuelle des enfants à des fins de prostitution. Cette forme d'exploitation désigne le fait, pour un enfant, d'être contraint à se livrer à des activités sexuelles en échange de quelque chose ayant de la valeur[134]. L'utilisation de l'expression de prostitution enfantine a en effet été remise en question, dans le sens où elle risque d'être interprétée d'une façon impliquant que ce phénomène est une forme légitime de prostitution. À titre de comparaison, quand on parle de prostitution de personnes majeures, on pense forcément à la prostitution choisie, ou volontaire. Par ce terme, on pouvait penser que l'enfant a consenti en toute connaissance de cause à se prostituer[135].

---

[134] *Guide terminologique pour la protection des enfants contre l'exploitation et l'abus sexuel*, ECPAT International et ECPAT Luxembourg, mars 2017, p. 32.

[135] *Ibid.*

L'incapacité du mineur à consentir à sa propre exploitation — La question du choix en matière sexuelle renvoie à la problématique de la capacité à consentir[136] du mineur. Il faut ainsi différencier la prostitution libre et éclairée de la prostitution contrainte. En conséquence de quoi, si le rapport sexuel est le fruit d'un choix libre et conscient[137], l'État ne doit pas interférer dans ce choix. Peu importe qu'à l'origine de l'acte sexuel se trouve l'amour, l'argent, le respect d'une obligation conjugale ou une simple pulsion ; si elle est librement choisie, la sexualité doit échapper au regard de l'État[138]. En droit, la notion de majorité est synonyme de capacité juridique. C'est être suffisamment autonome pour accomplir des actes. En droit pénal, l'âge de responsabilité ne coïncide pas avec celui de la majorité civile[139]. Le Code Pénal pose le principe selon lequel « les mineurs capables de discernement sont pénalement responsables »[140]. Néanmoins, pour être capable de consentir, il faut faire preuve de discernement. Le droit international estime ainsi qu'un mineur de dix-huit ans, sans distinction, est incapable de discernement quant au consentement à la prostitution. Il ne peut donc pas vouloir se prostituer de lui-même au regard de son âge, ne se rendant pas forcément compte des conséquences. Le droit international estime ainsi que le mineur est toujours victime d'exploitation sexuelle à des fins de prostitution. Ainsi, l'idée d'une forme de consentement ou d'un comportement apparemment « volontaire » n'est pas pertinente quand il est question de protéger les enfants de moins de dix-huit ans contre toute forme d'exploitation sexuelle[141].

---

136 BORRILLO (D.), *Le droit des sexualités*, PUF, 2009, p. 82.

137 *Ibid.*

138 *Ibid.*

139 *Ibid.* p. 83.

140 C. pén., art. 122-8.

141 *Guide terminologique pour la protection des enfants contre l'exploitation et l'abus sexuel*, préc., p. 34.

C'est pourquoi d'autres termes sont finalement employés pour parler de la prostitution des enfants. Ce terme d'exploitation des mineurs à des fins de prostitution reflète mieux l'idée que l'enfant est victime d'exploitation et qu'il a le droit d'être protégé. La simple modification de prostitution enfantine à prostitution des enfants permet de mieux faire passer l'idée que l'enfant subit la prostitution par quelqu'un et non qu'il s'agît d'un choix délibéré. Chaque État est toutefois libre de choisir la qualification qu'il souhaite dans son ordre juridique interne dans la mesure où il souligne l'élément relatif à l'exploitation de l'enfant. En France, ce passage de prostitution à exploitation sexuelle des mineurs passe par l'interdiction de la prostitution des mineurs depuis 2002, ce qui montre la volonté protectrice de la France face au phénomène. En l'interdisant de manière générale et pour tous les mineurs sans distinction d'âge, le législateur estime que le mineur n'est pas apte à consentir à se prostituer, et est forcément victime d'une forme de contrainte, et, *a fortiori*, d'une forme d'exploitation. Reste néanmoins en suspens la question de l'âge du consentement des mineurs dans notre système juridique.

B. L'âge du consentement : les failles de la législation française

La notion sous-entendue de majorité sexuelle — On entend souvent parler de la notion de majorité sexuelle. Or en France, ce concept n'existe pas. Il n'existe aucune mention de cette majorité sexuelle dans les textes de loi. En réalité, la majorité sexuelle est souvent confondue avec la notion de consentement à l'acte sexuel. Il semble donc qu'un enfant puisse consentir à n'importe quel âge. En 2018, cette problématique de seuil d'âge était débattue à l'Assemblée nationale. La loi dite Schiappa[142] proposait « une présomption irréfragable de non-consentement pour les mineurs de quinze ans ». Pour le Gouvernement cette présomption de non-consentement permettait de « mieux tenir compte de l'immaturité sexuelle, non pas seulement physique mais également psychologique des enfants et des adolescents de moins de quinze ans[143] ». Le gouvernement souhaitait même aller plus loin en estimant « qu'il faut poser un interdit clair : tout acte sexuel, avec ou sans pénétration, sur mineur de treize ans est un viol ou une agression[144] », cela poserait le principe selon lequel un mineur de treize ans ne peut pas consentir à l'acte sexuel.

Le Sénat dans sa relecture en juin 2018, estimait d'une part « qu'il est nécessaire de poser un interdit à toute relation sexuelle entre un adulte et un mineur en-deçà d'un âge déterminé, comme le font d'autres pays européens, et plus particulièrement le Royaume-Uni » et d'autre part « qu'en dessous de l'âge de treize ans, personne ne peut imaginer qu'un enfant puisse choisir en connaissance de cause de se laisser pénétrer sexuellement par un adulte »[145]. Le Sénat était ainsi d'accord avec la proposition de « création d'une présomption de non-consentement pour les actes de pénétration exercés sur un.e mineur.e de moins de treize ans[146] ». Et malgré le fait que le Sénat n'estime pas que cette proposition de présomption irréfragable soit anticonstitu-

---

142 SCHIAPPA (M.), Projet de loi renforçant la lutte contre les violences sexuelles et sexistes, n° 778, Assemblée Nationale, 21 mars 2018.

143 LOUIS (A.), *Rapport fait au nom de la commission des lois sur le projet de loi renforçant la lutte contre les violences sexuelles et sexistes*, n° 938, Assemblée Nationale, 10 mai 2018.

144 *Ibid.*

145 BILLON (A.) ET AUTRES, *Rapport d'information fait au nom de la délégation aux droits des femmes*, n° 574, Sénat, 14 juin 2018.

146 Proposition de loi pour une meilleure protection des mineur.e.s victimes de viols et des autres agressions sexuelles, par Laurence Rossignol, n° 53, Sénat, 26 octobre 2017.

tionnelle, elle sera tout de même abandonnée par le législateur par peur d'une censure du Conseil Constitutionnel. Néanmoins, en réaction à l'affaire Matzneff, une nouvelle proposition de loi a été présentée par Valérie Boyer en début d'année 2020[147]. Elle propose, à nouveau, dans son article 3 de « fixer une présomption irréfragable de non-consentement pour les mineurs de moins de quinze ans et encadrer les relations sexuelles entre les mineurs[148] ». Toutefois, il semble que cette proposition de loi ait peu de chance d'aboutir. Elle reprend en effet les mêmes termes, outre l'âge qui passe de treize à quinze ans, que la Loi Schiappa. Elle ne tient pas compte de l'avertissement du risque de censure du Conseil d'État qui avait été adressé au Gouvernement et qui l'avait fait reculer[149].

Ainsi, juridiquement parlant, l'enfant peut encore consentir à une relation sexuelle à n'importe quel âge, partant, à se prostituer à n'importe quel âge. Toutefois, ce n'est pas parce qu'il est consentant que la relation sexuelle est légale. Quand le mineur est très jeune, le majeur est sanctionné. C'est l'infraction d'atteinte sexuelle sur mineur de quinze ans. Récemment, une affaire a fait parler d'elle, l'affaire Pontoise. Un homme devait être jugé pour le viol de Sarah, 11 ans. Toutefois, cette dernière était, semble-t-il, consentante à cette relation sexuelle. Ainsi, seule l'atteinte sexuelle sur mineure de quinze ans a pu être retenue. Cette affaire reflète les failles de la législation française sur l'âge du consentement. En effet, les atteintes sexuelles, c'est-à-dire les relations de nature sexuelle en l'absence de contrainte, violence ou surprise, sont punies uniquement pour les mineurs de quinze

---

[147] Proposition de loi renforçant la répression des violences sexuelles et la protection des victimes, par Valérie Boyer, n° 2607, Assemblée Nationale, 21 janvier 2020.

[148] *Ibid.*

[149] SAENKO (L.), La présomption de non-consentement des mineurs victimes d'agressions sexuelles : le retour ? *D.* 2020, p. 528.

ans[150]. Pour les mineurs de quinze à dix-huit ans il n'en est rien, sauf lorsqu'elles sont commises avec des circonstances particulières[151]. Il semble donc qu'un mineur de plus de quinze ans puisse consentir à des relations sexuelles avec un adulte sans que ce dernier n'encoure aucune peine. Le législateur a ainsi laissé penser qu'une majorité sexuelle pourrait se trouver à quinze ans. Il semblerait dès lors qu'un mineur puisse consentir à se prostituer. Toutefois, ce n'est pas la voie choisie par le législateur puisqu'il a, en 2002, précisé que la prostitution des mineurs est interdite.

L'incohérence du législateur — On remarque l'incohérence du législateur à interdire la prostitution pour tous les mineurs sous prétexte qu'ils ne peuvent pas y consentir, alors qu'il autorise un mineur de quinze à dix-huit ans à avoir des relations sexuelles avec un adulte. La Cour de cassation a même été plus loin en retenant l'atteinte sexuelle et non le viol en admettant le consentement à un acte sexuel d'une mineure de onze ans avec un adulte[152]. Ainsi, parler d'exploitation sexuelle des mineurs en présence d'un mineur de quinze à dix-huit ans qui se prostitue contrevient au principe posé par l'article 227-27 du Code Pénal qui n'interdit pas ce type de relation sexuelle. Ce choix fait par le législateur n'a pas pour but d'interdire les actes sexuels avec des mineurs, mais d'interdire ceux qui sont rémunérés. C'est donc la *ratio legis* – le refus des relations sexuelles vénales – qui fonde l'interdiction, peu important l'âge du mineur. Cela va dans le sens du droit international, selon lequel un mineur ne peut pas consentir à sa propre exploitation.

Pour pallier le problème du consentement, il faut s'attarder sur la notion de contrainte, permettant de fonder pour tous

[150] C. pén., art. 227-25.

[151] C. pén., art. 227-27.

[152] Affaire Pontoise.

les mineurs une forme d'exploitation, ou violence sexuelle subie.

§2. L'existence d'une contrainte subie par le mineur prostitué

En interdisant la prostitution pour tous les mineurs, le législateur part du principe qu'ils sont toujours soumis à une forme de contrainte effaçant le possible consentement (A). Toujours dans cette optique, le législateur ne considère pas la présence de la rémunération comme une acceptation et un consentement à l'acte mais comme une forme de contrainte (B).

A. Un consentement effacé par la contrainte

Dans le cas du tourisme sexuel, la question du consentement ne se pose pas puisque la réponse est évidente : le mineur n'a pas donné son consentement à être exploité, car il ne le peut pas. De plus, il subit une contrainte évidemment physique mais aussi morale, voire, bien souvent, des violences. En revanche, il en va autrement en l'absence d'exploitation. C'est le cas d'un mineur qui se prostitue volontairement ou qui cède à des propositions prostitutionnelles. Dans ces cas, on estime que le consentement à l'acte sexuel n'est pas libre et éclairé car toujours donné sous la contrainte de quelque nature qu'elle soit.

Une contrainte économique et sociale — Un des aspects de la contrainte doit s'apprécier de manière subjective. Pour qu'un mineur en vienne à se prostituer, c'est dans la plupart des cas pour des raisons économiques. Le mineur, vivant dans un milieu défavorisé et dans un cadre familial souvent affaibli, ne trouve pas d'autre moyen que la prostitution pour gagner de l'argent rapidement et s'émanciper. Il existe donc une contrainte économique exercée par la société en elle-même. Cette notion de contrainte a été mise en évidence avec la loi de 2016 visant à renforcer la lutte contre le système prostitutionnel : le législateur a volontairement employé l'expression « système prostitutionnel » à la place du terme de « prostitution ». Le législateur a fait ce choix dans le but de contourner la question du consentement. En effet, le terme « système prostitutionnel » fait émerger un consensus de lutte contre la prostitution. Comme il s'agit d'un système, le choix n'a pas d'importance et tout devient contrainte[153]. Cette vision permet d'occulter le consentement de l'individu. Ainsi, le mineur se retrouve toujours contraint à la prostitution et est qualifié de victime, raison pour laquelle la loi de 2016, dans son intitulé dispose « … à accompagner les personnes prostituées ».

Une contrainte morale — La contrainte peut aussi être morale[154]. Quand cette contrainte morale est exercée sur un mineur, elle peut résulter d'une grande différence d'âge entre l'auteur et la victime[155]. Le législateur ajoute qu'en cas de contrainte exercée sur mineur de quinze ans, la contrainte morale est caractérisée par l'abus de vulnérabilité de la victime qui ne dispose alors plus du discernement nécessaire pour ses actes[156]. Très récemment, la Cour de cassation a estimé que la contrainte pouvait résulter « des conditions d'existence de la victime au moment des faits[157] ». En l'espèce, une personne majeure a versé des sommes d'argent à un mineur âgé de quatorze ans au moment des faits contre des faveurs sexuelles. La Cour de cassation a relevé que la contrainte procède d'une convergence de facteurs sous le terme « conditions d'existence ». C'est en effet l'extrême précarité – sociale, affective et financière – de la victime, ajoutée à la différence d'âge des deux protagonistes, qui explique qu'elle ait accepté de l'argent en échange de faveurs

---

153 BORRILLO (D.), *Disposer de son corps…*, *op. cit.*, p. 109.

154 C. pén., art. 222-22-1 al. 1er.

155 C. pén., art. 222-22-1 al. 2.

156 C. pén., art. 222-22-1 al. 3.

157 Cass. crim., 4 sept. 2019, n° 18-84.334.

sexuelles[158]. La contrainte n'est donc pas seulement exercée par l'offre de rémunération. C'est au regard de cette situation précaire, le rendant vulnérable, que le mineur a accepté l'argent. L'auteur a donc abusé de la vulnérabilité du mineur pour lui proposer de l'argent et obtenir des faveurs sexuelles. Pour retenir l'agression sexuelle, il n'est pas nécessaire que la contrainte ait totalement aboli le consentement, mais seulement qu'elle l'ait altéré[159], ce qui est le cas en l'espèce[160].

Dans ce cas d'espèce, aurait aussi pu être caractérisé le délit de recours à la prostitution d'un mineur puisqu'il s'agit bien de sollicitation et d'obtention de relation sexuelle moyennant rémunération, et avec un mineur. Certes, il s'agit ici d'un cas où le mineur ne se « livre » pas à la prostitution (il n'y avait pas habitude) mais on peut considérer qu'à partir du moment où il y a des relations sexuelles avec un échange d'argent, *de facto*, il y a prostitution. À partir du raisonnement *a contrario* de la Cour de cassation, on peut déduire que s'il n'y avait pas eu de contrainte morale, alors la présence de rémunération aurait pu permettre la caractérisation du délit de recours à la prostitution du mineur. Toutefois, la Cour de cassation n'a pas retenu cette caractérisation car le délit de recours à la prostitution d'un mineur joue en l'absence de contrainte. La contrainte étant caractérisée ici, la qualification exacte est le délit d'agression sexuelle. Cet arrêt appelle une autre interrogation : la valeur de la rémunération.

B. L'absence de renversement de la présomption de contrainte par la présence d'une rémunération

Nous pouvons nous demander si la présence de la rémunération doit être vue comme une acceptation par le mineur

---

[158] CONTE (P.), Agression sexuelle – Notion de contrainte, *Dr. pén.* 2019, Comm. 179.

[159] *Ibid.*

[160] Partant, la Cour de cassation a fait application de l'article 222-22-2, al. 4, du Code Pénal pour établir la contrainte

de l'acte sexuel, et donc comme un consentement, ou si elle doit être vue comme une contrainte, car faite au mineur en raison de ses conditions de vie précaires. Dans ce dernier cas, la rémunération devient contrainte, le mineur n'ayant d'autre solution que d'accepter l'argent en échange d'un acte sexuel. En effet, ce n'est pas parce que le mineur perçoit une (prétendue) rémunération qu'il devient nécessairement non contraint à l'acte. Dans l'arrêt étudié précédemment c'est précisément le cas. Le mineur a donné son consentement sous la contrainte. La contrainte peut reposer, pour une part, sur l'abus de vulnérabilité, le mineur étant dans une situation financière précaire. Pour de l'argent, le mineur a été contraint à céder aux propositions prostitutionnelles de l'adulte. Ainsi, bien qu'il ait accepté, ou consenti à cette relation, cela s'est fait sous la contrainte. Partant, la contrainte a effacé le consentement.

Le versement de la rémunération pourrait être vu comme une cause d'aggravation de la relation sexuelle, puisque le client peut estimer avoir tous les droits sur le mineur étant donné qu'il paye. Le client se déculpabilise en payant. Ce n'est toutefois pas la voie choisie par le législateur. Même s'il n'a pas été jusqu'à un renversement de la présomption de contrainte sur le mineur par le versement d'une rémunération, il a fait le choix d'une atténuation de la gravité de la relation sexuelle, comme si le paiement atténuait le « non-consentement » du mineur. Le Code Pénal laisse bien apparaitre cette philosophie législative puisque le viol sur mineur, qui est un acte sexuel sans rémunération, est réprimé de vingt ans de réclusion criminelle[161] alors que le recours à la prostitution du mineur, qui cette fois est un acte sexuel avec rémunération, est puni de trois ans d'emprisonnement[162].

---

[161] C. pén., art. 222-24.

[162] C. pén., art. 225-12-1.

Conclusion de la section 2 — Pour justifier qu'un mineur qui se prostitue est un mineur en danger et même victime de prostitution, le législateur part du postulat que le mineur n'est pas apte à consentir et est toujours soumis à une forme de contrainte. Partant, il n'est pas possible de le considérer comme un auteur d'infraction pénale.

Conclusion du chapitre 1 — La loi de 2002 place le mineur qui se prostitue au cœur d'un système de protection et non plus de répression. Le législateur a dû trouver le juste équilibre entre la protection du mineur et la lutte contre la prostitution des mineurs. Néanmoins, la loi française reste encore timide. D'une part l'âge du consentement demeure encore un problème majeur dans notre système, puisque juridiquement, il semble qu'un mineur puisse consentir à avoir des relations sexuelles à n'importe quel âge. D'autre part, elle ne protège pas le mineur qui se prostitue *via* les réseaux de télécommunication, la prostitution nécessitant un contact sexuel, le « cyber-client » n'est pas reconnu coupable de recours à la prostitution d'un mineur. Pour autant, les clients et les proxénètes ne sont pas impunis en matière de prostitution des mineurs (V. Partie II). Toutefois, reconnaître le mineur comme personne en danger permet de lui appliquer des règles procédurales dérogatoires.

Notons enfin l'incomplétude de la loi pénale dans le domaine. Si on suit la logique du législateur, en 2002, son but, en interdisant la prostitution du mineur et l'achat d'acte sexuel sur mineurs, était de protéger le mineur prostitué. La *ratio legis* était ainsi la vénalité des relations sexuelles. Toutefois, en 2016, en interdisant l'achat de tout acte sexuel, le législateur a entendu réduire la prostitution en général, sans explicitement l'interdire. Pour autant la *ratio legis* est la même, alors pourquoi ne pas l'avoir interdite ? On perçoit ainsi la difficile position du législateur entre le maintien de l'ordre public et la protection de la dignité humaine d'un côté, et les libertés individuelles des hommes de l'autre.

Chapitre 2. L'existence de mesures juridiques adaptées

« Tout mineur qui se livre à la prostitution, même occasionnellement, est réputé en danger[163] ». La loi pose ainsi le principe que tout enfant qui se prostitue, même volontairement, est un enfant en danger. Partant, le législateur a mis en place des mesures juridiques adaptées. Ces mesures sont de deux ordres : les premières tendent à favoriser la connaissance d'une situation de prostitution d'un mineur, en imposant le signalement de cette situation (section 1) ; les secondes, qui supposent qu'une situation de prostitution soit avérée, sont (outre les mesures d'assistance éducative) des réponses pénales de nature dérogatoire (section 2).

Section 1. Le signalement des situations

La protection de l'enfance en France a un double fondement, administratif et judiciaire, qui en fait à la fois toute la richesse et la complexité[164]. La richesse réside dans la complémentarité des modes de signalements (§1) ; alors que la difficulté réside dans le manque de communication qui existe souvent entre départements et autorité judiciaire. Ainsi, en 2007, le législateur a souhaité lever l'obstacle du secret professionnel. Le signalement est rendu obligatoire, c'est

---

163 Article 13 de la loi n° 2002-305 du 4 mars 2002.

164 LARDEUX (A.), *Rapport fait au nom de la Commission des affaires sociales*, n° 393, Sénat, 14 juin 2006.

alors la loi qui justifie la violation du secret professionnel (§2).

§1. Les formes de signalement des informations préoccupantes

« Si le mineur, fille ou garçon, qui se prostitue n'est pas tenu pour un délinquant, on le tiendra pour une jeune personne en danger relevant à ce titre de la protection administrative et judiciaire de l'enfance[165] ». La France a mis en place deux systèmes de protection en direction des enfants en danger, en donnant compétence, d'une part au département (A), d'autre part à l'autorité judiciaire (B). Dans les mesures qui peuvent être prises pour protéger l'enfant, la protection sociale est privilégiée. La protection judiciaire ne doit intervenir qu'à titre subsidiaire[166].

A. Le signalement administratif

Le signalement administratif est celui qui est fait aux administrations (Conseil Départemental) pour prévenir une détresse imminente d'un enfant en danger, voire la commission d'une infraction à son encontre. Plus précisément, le signalement des enfants en danger concerne les enfants dont la moralité ou la santé sont en danger ou dont les conditions de l'éducation ou de leur développement physique, affectif, intellectuel et social sont gravement compromises[167]. Le danger est envisagé de façon assez large puisqu'il peut n'être que potentiel, c'est-à-dire qu'il n'y a qu'un risque de danger[168]. C'est tout à fait le cas dans la prostitution de personnes mineures puisque le mineur risque de subir des infractions à

---

[165] ROSENCZVEIG (J.-P.), *Les droits de l'enfant pour les nuls*, First, 2019, p. 274.

[166] Avis n° 139 (2014-2015) de M. François Pillet, déposé le 2 décembre 2014.

[167] Article L. 221-1 1° du Code de l'action sociale et des familles.

[168] BONFILS (P.), GOUTTENOIRE (A.), *Droit des mineurs*, Dalloz, 2e éd., 2014, p. 1198.

son encontre et de se faire exploiter par un réseau. Le signalement peut porter, entre autres, sur la moralité du mineur : la prostitution rentre bien entendu dans ce contexte d'atteinte à la moralité du mineur.

Le destinataire du signalement administratif est le président du Conseil Départemental qui est en charge du recueil des informations. Dans un but de clarification des modes de signalement, le législateur a, en 2007[169], centralisé le recueil des informations préoccupantes en créant le CRIP (Centre de Recueil des Informations Préoccupantes). Concrètement, tout signalement d'enfant en danger donne lieu à une évaluation réalisée par une équipe pluridisciplinaire pour mesurer la réalité et la gravité du danger de l'enfant. Après cette évaluation, plusieurs possibilités sont envisageables : si les faits ne sont pas avérés, ou si le danger potentiel ne parait pas établi, aucune suite n'est donnée au signalement ; si au contraire, l'affaire parait sérieuse, il peut être mis en œuvre un suivi par la Protection Maternelle et Infantile (PMI) ou l'Aide Sociale à l'Enfance (ASE). Enfin, s'il apparait que les faits sont graves, comme dans le cas d'un mineur qui se prostitue, le signalement est porté à la connaissance des autorités judiciaires[170], c'est-à-dire au Parquet[171].

La priorité de l'administration — La loi du 5 mars 2007[172] affirme que le Conseil Départemental est le chef de file de la protection de l'enfance publique. Cette attribution du Président du Conseil Départemental est posée à l'article L. 226-3 du Code de l'action sociale et des familles : « Le président du conseil départemental est chargé du recueil, du traitement et de l'évaluation, à tout moment et quelle qu'en soit l'origine, des informations préoccupantes relatives aux

---

[169] Loi n° 2007-293 du 5 mars 2007 réformant la protection de l'enfance.

[170] BONFILS (P.), GOUTTENOIRE (A.), *op. cit.*, p. 1200.

[171] Prévu par l'article L. 226-4 du Code de l'action sociale et des familles.

[172] Loi n° 2007-293 du 5 mars 2007, préc.

mineurs en danger ou qui risquent de l'être. Le représentant de l'État et l'autorité judiciaire lui apportent leur concours ». C'est donc lui qui va mettre en place et financer les instances assurant le signalement et la protection d'enfants en danger, d'enfants qui se prostituent. Cet ordre des choses ne date pas de 2007[173], mais devant la multiplication des cas transmis aux tribunaux pour enfants, il devenait important de l'afficher explicitement dans les textes. Ainsi, le principe est clair : la justice ne doit intervenir avec l'autorité dont elle est investie que si l'administration sociale atteint ses limites[174]. L'administration, *via* ses différentes instances, doit donc intervenir en priorité face à un enfant dans une situation délicate. Les situations de danger doivent donc être signalées au président du Conseil Départemental (plus exactement au service de l'Aide Sociale à l'enfance qui reçoit délégation du président du Conseil Départemental et agit sous l'autorité de celui-ci)[175].

C'est seulement à défaut d'action ou d'efficacité du signalement administratif que le signalement judicaire doit être fait. Ce signalement permet de mettre en place une protection du mineur en danger en prévenant le Parquet de la situation. En cas de danger avéré pour un enfant, notamment en situation de prostitution, le Parquet pourra à son tour saisir le juge des enfants, afin de lui appliquer des procédures d'assistance éducative pour aider le mineur à se sortir de la prostitution. C'est en effet le choix du législateur : « Tout mineur qui se livre à la prostitution, [...] relève de la protection du juge des enfants au titre de la procédure

---

173 C'est d'abord le décret n° 59-100 du 7 janvier 1959 qui avait donné au directeur départemental de l'Action sanitaire et sociale, une mission de prévention « auprès des familles dont les conditions d'existence risquent de mettre en danger la santé, la sécurité, la moralité ou l'éducation des enfants ».

174 ROSENCZVEIG (J.-P.), *op. cit.*, p. 374.

175 RAYMOND (G.) et BRUGGEMAN (M.), Assistance éducative, *Répertoire de droit civil*, février 2020, n° 32.

d'assistance éducative[176] ». Même si le principe est celui de la primauté du signalement administratif, il est des situations où celui-ci n'est plus une obligation. Ce n'est qu'en situation d'urgence ou en présence de faits très graves et avérés que le signalement pourra être fait directement aux autorités judiciaires.

B. Le signalement judiciaire

C'est le signalement qui est fait aux autorités judiciaires. Le procureur de la République pourra, après investigations, poursuivre les auteurs d'infractions liées à un mineur prostitué. Ces faits lui seront probablement transmis par le Président du Conseil Départemental suite à un signalement administratif, ou directement par une plainte. Le procureur peut aussi saisir le juge des enfants par une requête en assistance éducative afin qu'il connaisse de la situation et prenne les mesures adaptées[177]. Toutefois, en cas d'urgence, le procureur lui-même a le pouvoir d'ordonner le placement provisoire du mineur. Le signalement judiciaire implique toutefois une certaine gravité ou une situation d'urgence telle que les abus sexuels ou la prostitution de mineurs.

Principe : la vocation subsidiaire du judiciaire — Le signalement judiciaire a une vocation subsidiaire, puisque doit toujours être préféré le signalement administratif. Ce dernier joue ainsi un rôle de filtre, qui permet souvent d'éviter une intervention non fondée des autorités judiciaires, et d'apporter dès la phase administrative une aide à l'enfant et sa famille[178]. Partant, l'autorité judiciaire n'intervient qu'*a posteriori* quand l'intervention de l'Aide Sociale à l'Enfance est impossible ou inefficace pour faire

---

176 Article 13 de la loi n° 2002-305 du 4 mars 2002.

177 BONFILS (P.), GOUTTENOIRE (A.), *op. cit.*, p. 1201.

178 *Ibid.*, p. 1199.

cesser le danger dans lequel se trouve le mineur[179]. C'est ce que pose l'article L. 226-4 du Code de l'action sociale et des familles. Deux situations où le judiciaire n'intervient qu'après l'administratif sont ainsi prévues. D'une part, quand le mineur a déjà fait l'objet de mesures (aide à domicile[180], accueil du mineur[181], prise en charge par l'ASE[182]) et qu'elles n'ont pas permis de remédier à la situation. Dans ce cas, un signalement administratif a été fait mais s'est montré inefficace. D'autre part, quand les mesures précitées ne peuvent être mises en place en raison du refus de la famille d'accepter l'intervention du service de l'aide sociale à l'enfance ou de l'impossibilité dans laquelle elle se trouve de collaborer avec ce service. Dans cette dernière situation, le signalement judiciaire s'avère subsidiaire dans le sens où c'est seulement parce que la mise en place de mesures administratives était impossible. Il est toutefois des situations où la tendance s'inverse, le signalement judiciaire devient alors le principe.

Exception au principe de subsidiarité de l'intervention judiciaire — L'article L. 226-4 du Code de l'action sociale et des familles prévoit deux situations où le signalement judiciaire prime sur le signalement administratif. Premièrement, c'est le cas en présence de danger grave et immédiat, notamment dans les situations de maltraitance. Il semble évident ici que le signalement administratif ne sera d'aucune aide, voire que les mesures seront refusées par les parents. Dans ces situations graves, la collaboration avec la famille est alors nécessairement secondaire par rapport à la protection de l'enfant[183]. Deuxièmement, le Président du Conseil Départemental avise le procureur de la République lorsqu'un mineur est présumé être en situation de danger au

---

179 RAYMOND (G.) et BRUGGEMAN (M.), art. préc., n° 33.

180 Art. L. 222-3 du Code de l'action sociale et des familles.

181 Art. L. 222-4-2 du Code de l'action sociale et des familles.

182 Art. L. 222-5 du Code de l'action sociale et des familles.

183 RAYMOND (G.) et BRUGGEMAN (M.), art. préc., n° 34.

sens de l'article 375 du Code civil mais qu'il est impossible d'évaluer cette situation. Il ne sait alors pas si le danger est grave et imminent, mais en cas de doute, il doit en référer au Parquet.

§2. L'obligation de signalement

Les mineurs, et en particulier les plus jeunes d'entre eux, sont rarement en capacité de dénoncer par eux-mêmes les faits dont ils sont les victimes, ce qui est le cas de la prostitution. C'est pourquoi la vigilance et l'esprit d'initiative des adultes qui les entourent sont essentiels pour assurer leur sécurité[184]. Partant, le législateur a envisagé des obligations de signalement (A) tout en les articulant avec le secret professionnel (B).

A. Les obligations de signalement

La révélation des infractions connait une source particulière : celle de l'obligation de signaler des faits, l'obligation de dénoncer. Le Professeur Yves Mayaud parle même d'un droit spécial de la dénonciation[185]. La dénonciation est alors vue comme un devoir dont la violation est pénalement sanctionnée[186]. Par cette obligation, est engagé un degré supérieur de prévention et de répression[187]. Sont ici en cause les entraves à la justice, puisque par le défaut de dénonciation, il est porté atteinte à l'action de la justice. Cela répond à un objectif affirmé : faire en sorte, par le relais de la dénonciation, que la justice puisse agir dans des conditions d'efficacité suffisantes pour lui permettre de remplir sa mission[188]. Il est

---

[184] CARRERE (M). ET AUTRES, *Rapport sur l'obligation de signalement par les professionnels astreints à un secret des violences commises sur les mineurs*, n° 304, Sénat, 5 février 2020.

[185] MAYAUD (Y.), Le droit pénal spécial de la dénonciation, *AJ Pénal*, 2020, p. 8.

[186] *Ibid.*

[187] *Ibid.*

[188] *Ibid.*

donc nécessaire de tracer les contours de cette obligation de dénonciation (*via* les différentes formes de signalement).

Les personnes tenues de signaler — Le signalement est d'abord une obligation citoyenne[189] : « L'obligation de signalement concerne l'ensemble des personnels intervenant dans les institutions médico-sociales, de l'agent d'entretien au directeur général, mais aussi tous ceux qui croisent la vie des personnes victimes d'actes de maltraitance » [190]. Cette obligation découle des articles 434-1 et 434-3 du Code Pénal, qui, dans leur rédaction, utilisent tous les deux l'expression « quiconque ayant connaissance ». Partant, cette obligation pèse sur toute la société. On parle d'une obligation citoyenne et pas uniquement professionnelle. Ainsi toute personne ne signalant pas des faits dont elle a eu connaissance s'expose à une sanction pénale. La responsabilité de signaler se pose cependant dans des termes particuliers pour certains adultes : ceux qui sont astreints au secret professionnel. Doivent-ils effectuer un signalement ou doivent-ils respecter le secret professionnel (v. *infra*) ?

La portée de l'obligation — Cette obligation de signalement n'est pas générale : elle est limitée à certaines catégories d'infractions ou à certaines catégories de victimes[191]. Ainsi, l'article 434-1 du Code Pénal ne vise que les crimes, sans tenir compte de la qualité de la victime, elle concerne donc n'importe quelle personne pouvant être victime d'un crime. À l'inverse, l'article 434-3 du Code Pénal ne vise pas d'infraction déterminée mais, de manière plus générale, les faits de « privations, de mauvais traitements ou d'atteintes sexuelles ». En revanche, cet article ne vise pas n'importe quelle victime, mais uniquement les mineurs et les

---

[189] CLAVAGNIER (B.) Le signalement : une obligation d'abord citoyenne, *Juris associations*, 2008, n° 374, p. 15.

[190] *Ibid.*

[191] *Ibid.*

personnes vulnérables. Ainsi, ce dernier texte est plus large quant aux infractions visées, car il ne se limite pas aux seuls crimes. Mais il est plus restrictif quant aux victimes puisqu'il ne vise que les mineurs et les personnes vulnérables. C'est ce texte qui s'appliquera de façon privilégiée dans le cadre d'une institution médico-sociale, étant plus facilement en contact avec des mineurs « à risques ».

B. L'articulation entre le secret professionnel et l'obligation de signalement

Il est des cas où les personnes astreintes au secret professionnel peuvent dénoncer sans y être obligées, et d'autres cas où elles sont obligées de dénoncer les faits. Qu'elles le fassent sans y être obligées ou qu'elles le fassent par obligation, elles violent le secret professionnel (1). Mais, dans un but de protection, tant des mineurs que des professionnels de santé, le législateur a prévu une justification à cette violation : l'ordre de la loi (2).

1. Les particularités des signalements pour les personnes astreintes au secret professionnel

Pour les personnes astreintes au secret professionnel, il est primordial de faire la distinction entre la possibilité de signalement en violation du secret, et l'obligation de porter secours. Dans le premier cas, il n'y a pas de sanction pénale en cas d'abstention, dans le second, la personne sera responsable de son abstention, et ne pourra pas se retrancher derrière son secret professionnel.

La possibilité de dénonciation — Certaines personnes, de par leur profession, seront plus à même de rencontrer et d'aider des mineurs en situation de prostitution : c'est le cas des professionnels de santé ou des travailleurs sociaux. Toutefois, ces professionnels au contact des mineurs peuvent être soumis au secret professionnel. C'est ainsi que le législateur a prévu une exception à l'obligation générale de dénoncer. Les personnes astreintes au secret professionnel dans les conditions de l'article 226-13[192] du Code Pénal ne sont pas soumises aux obligations de dénonciation des articles 434-1 et 434-3 du même code[193]. Ils peuvent dénoncer des situations sans engager leur responsabilité pour violation du secret, mais n'y sont pas obligés. On parle alors d'option ou de choix de conscience.

Le choix de conscience — Cette faculté de signalement fait appel à « l'option de conscience », par laquelle « se dénoue le conflit entre deux obligations opposées : soit dénoncer les faits, mais en violant le secret professionnel, soit respecter ce secret, mais au mépris du devoir d'en révéler le contenu »[194]. Le professeur Bruno Py décrit en ces termes l'option de conscience : « Soit le professionnel garde le silence, respectant ainsi le secret et nul ne peut lui en faire le reproche car il obéit à la loi en général et à l'article 226-13 en particulier. Soit le professionnel décide de révéler, protégeant ainsi les intérêts d'une victime, et nul ne peut lui en faire le reproche car il obéit à la loi en général et à l'article 226-14 en particulier. Autrement dit, se taire est licite, parler est licite : il peut choisir en conscience ».

Les obligations d'assistance et de dénonciation — Elles sont de deux ordres et réparties dans deux codes : la première est la non-assistance à personne en danger dans le Code Pénal, et la seconde l'obligation de signalement dans le Code de procédure pénale.

D'abord, en dehors des articles 434-1, 434-3 et 226-14 du Code Pénal, toute personne est obligée de porter secours en

---

192 La révélation d'une information à caractère secret par une personne qui en est dépositaire soit par état ou par profession, soit en raison d'une fonction ou d'une mission temporaire, est punie d'un an d'emprisonnement et de 15 000 euros d'amende.

193 CARRERE (M). ET AUTRES, rapport préc.

194 MAYAUD (Y.), Le droit pénal spécial de la dénonciation, art. préc., p. 8.

vertu de l'article 223-6 du Code Pénal. C'est le cas lorsque le mineur court un danger grave et imminent. Les personnes dépositaires d'un secret professionnel sont alors tenues, comme tout citoyen, d'agir, quitte à révéler une information couverte par le secret. Il s'agit d'empêcher une infraction contre un mineur, c'est-à-dire de porter assistance à une personne en danger. En effet, il ne saurait « être admis que, au motif du respect du secret professionnel, la personne qui y est astreinte laisse une infraction se produire. Ainsi, cette personne doit nécessairement faire en sorte de mettre fin à l'infraction ou d'en empêcher son renouvellement »[195]. La Cour de cassation a eu l'occasion de préciser qu'un professionnel ne pouvait s'abriter derrière le respect du secret professionnel pour échapper à une condamnation[196]. En ce sens, le 23 octobre 2013, la chambre criminelle a confirmé la condamnation d'un médecin, qui avait été témoin de mauvais traitements infligés à des patients sans prendre d'initiative pour les faire cesser[197]. Partant, les mineurs prostitués étant considérés comme des mineurs en danger, les personnes astreintes au secret professionnel n'ont plus la seule possibilité de signaler, mais en ont l'obligation.

Ensuite, l'obligation de signalement trouve sa source à l'article 40 du code de procédure pénale : « Toute autorité constituée, tout officier public ou fonctionnaire qui, dans l'exercice de ses fonctions, acquiert la connaissance d'un crime ou d'un délit est tenu d'en donner avis sans délai au procureur de la République et de transmettre à ce magistrat tous les renseignements, procès-verbaux et actes qui y sont relatifs ». Cet article a pour effet de délier du secret professionnel les officiers publics ou les fonctionnaires en leur

---

195 Direction des affaires criminelles et des grâces (DACG) du ministère de la justice dans son guide relatif à la prise en charge des mineurs victimes, septembre 2015.

196 CARRERE (M). ET AUTRES, rapport préc.

197 Cass. crim., 23 octobre 2013 n° 12-80.793.

imposant de dénoncer au procureur de la République les infractions dont ils ont acquis la connaissance dans l'exercice de leurs fonctions. Par exemple, un médecin de la Protection Maternelle et Infantile, un médecin scolaire ou un médecin hospitalier peut donc être concerné par cette obligation. Cependant, le non-respect de cette obligation de dénonciation n'est pas pénalement sanctionné, ce qui en limite considérablement la portée[198].

Qu'ils violent le secret professionnel par obligation ou par simple possibilité, les professionnels sont en effet protégés par la justification de l'ordre de la loi.

2. Les violations du secret professionnel : la justification par l'ordre de la loi

Si les professionnels violant le secret ne risquent pas de voir leur responsabilité, tant pénale que civile, engagée, c'est grâce à la cause d'irresponsabilité qu'est l'ordre de la loi[199]. Pour garantir les signalements il a même été question d'étendre l'ordre de la loi en imposant les signalements de toutes les situations pour les professionnels soumis au secret.

L'ordre de la loi — Le fait justificatif tiré de l'ordre de la loi suppose que soient réunies certaines conditions qui concernent, d'une part, la norme justificative proprement dite et, d'autre part, le comportement de celui qui s'en prévaut.

La norme justificative doit être un texte visé par l'article 122-4, alinéa 1er, du Code Pénal : « N'est pas pénalement responsable la personne qui accomplit un acte prescrit ou autorisé par des dispositions législatives ou réglementaires ». En l'espèce, il s'agit de la loi aux sens formel et matériel du terme, c'est-à-dire l'acte du pouvoir législatif ayant une por-

198 CARRERE (M). ET AUTRES, rapport préc.

199 DANTI-JUAN (M.), Ordre de la loi, *Rép. pén.*, janvier 2019.

tée générale et obligatoire et comportant en l'occurrence des dispositions pénales[200]. Ici, il s'agit de l'article 226-14 du Code Pénal qui décide que dans les cas où la loi impose ou autorise la révélation d'un secret, les dispositions de l'article 226-13 du même code réprimant la violation du secret professionnel ne sont pas applicables[201].

L'exonération de responsabilité tirée de l'ordre de la loi suppose un comportement délictueux dont on se demande précisément s'il est justifié. Le comportement ici infractionnel est celui de l'article 226-13 du Code Pénal qui réprime la violation du secret professionnel. L'existence d'un secret professionnel se justifie par la nécessité de préserver des informations échangées dans un cadre professionnel mais relevant de la vie privée qui est un principe constitutionnellement reconnu[202]. La protection d'informations échangées dans un cadre professionnel apparait nécessaire à la relation de confiance qui doit se nouer entre certains professionnels et leurs interlocuteurs[203]. Le secret professionnel est alors une obligation de ne pas révéler les informations confiées ou obtenues. La préservation du secret suppose la sanction du professionnel qui y est astreint lorsqu'il révèle une information couverte par ce secret. Aux termes de l'article 226-13 du Code Pénal, le délit d'atteinte au secret professionnel n'est matérialisé que lorsqu'une information couverte par le secret est révélée par la personne qui y est astreinte : la révélation doit donc être intentionnelle et effective[204]. Partant, dans les conditions prévues par l'article 226-14 du Code Pénal, celui qui révèle une information couverte par le secret de manière volontaire ou parce qu'il y est obligé, est justifié par

200 PRADEL (J.), *Droit pénal général*, Cujas, 20e éd., 2014, n° 346.

201 DANTI-JUAN (M.), art. préc.

202 CARRERE (M). ET AUTRES, rapport préc.

203 *Ibid.*

204 *Ibid.*

l'autorisation de la loi, dans un but toujours aussi fort de protection des mineurs.

La discussion autour d'une obligation générale de signalement pour les professionnels de santé — Beaucoup hésitent à procéder à un signalement de crainte d'encourir des sanctions en cas d'erreur ou simplement parce qu'ils ne font pas la distinction entre la possibilité et l'obligation de signalement pour les personnes astreintes au secret professionnel. Ainsi, dans un objectif de clarification des règles de signalement, la création d'une obligation de signalement est régulièrement discutée au Parlement.

C'est d'abord avec la loi Giudicelli de 2015[205] que le débat est ouvert. La proposition de loi visait à modifier l'article 226-14 du Code Pénal et donc à mettre une véritable obligation de signalement à la charge des médecins, qui auraient été « tenus » de signaler sans délai certains faits au Parquet[206]. Le Sénat n'a toutefois pas suivi l'Assemblée Nationale, et a supprimé cette obligation de signalement pour plusieurs raisons : l'obligation de signalement est incompatible avec les principes de déontologie médicale qui imposent au médecin de faire preuve de prudence, par crainte de poursuites. En effet, les médecins pourraient être tentés de signaler le moindre fait et cette obligation pourrait dissuader les auteurs de sévices de présenter leur enfant à un médecin, par crainte d'être dénoncés[207].

Le débat est revenu au Sénat, en juillet 2018, lors de l'examen du projet de loi renforçant la lutte contre les violences sexuelles et sexistes, souhaitant instaurer à nouveau

---

205 Loi n° 2015-1402 du 5 novembre 2015 tendant à clarifier la procédure de signalement de situations de maltraitance par les professionnels de santé, dite « loi Giudicelli ».

206 CARRERE (M). ET AUTRES, rapport préc.

207 *Ibid.*

une obligation de signalement à la charge des médecins lorsqu'ils suspectent que des violences physiques, psychologiques ou sexuelles sont commises à l'encontre d'un mineur[208]. Cette obligation sera finalement supprimée par la Commission Mixte Paritaire.

En s'attardant sur le droit comparé, on peut comprendre l'utilité de cette obligation de signalement : le nombre de cas de maltraitance ou de négligence qui se révèlent fondés apparait ainsi quatre fois plus élevé en Amérique du Nord, là où le signalement est obligatoire, qu'il ne l'est en Angleterre, où le signalement n'est pas obligatoire. De plus, la proportion de signalements non fondés apparait en outre plus importante quand les signalements proviennent de citoyens ordinaires que lorsqu'ils proviennent de professionnels, ces derniers étant par définition mieux formés au repérage des signes de maltraitance[209]. Ces deux arguments laissent entendre l'utilité de l'obligation de signalement. Il ne faut néanmoins pas sous-estimer les risques liés. Garantir le secret permet aux individus de conserver la possibilité de se confier. Par ailleurs, l'obligation serait contre-productive pour les mineurs puisque le médecin risquerait de signaler des faits qui ne relèveraient pas de faits graves et risqueraient de diluer les réels faits graves.

Conclusion de la section 1 — Les règles relatives au signalement ne sont pas claires malgré des efforts et des propositions de clarification et d'unification. Par conséquent, les professionnels, connaissant mal les règles, ne signalent pas toujours les faits, soit car ils ne savent pas ce que recouvre l'ordre de la loi, soit par peur d'une responsabilité pour dénonciation calomnieuse. Ainsi, il peut encore résider des difficultés dans le signalement des mineurs en danger en matière de prostitution, et ce, malgré la protection par la loi.

---

208 *Ibid.*

209 *Ibid.*

Toutefois, pour faciliter les signalements, le législateur a mis en place depuis une loi de 1989[210], un service national d'accueil téléphonique de l'enfance en danger, le 119. Grâce à ce numéro, n'importe qui peut appeler pour avoir des conseils de dépistage et faciliter la protection de mineurs en danger. Cette plateforme téléphonique peut transmettre les informations préoccupantes concernant ces enfants aux services départementaux compétents en la matière (signalement administratif), à savoir les Cellules de Recueil des Informations Préoccupantes (CRIP). C'est en 2007[211] que le législateur a créé la CRIP qui permet la centralisation des signalements auprès du Président du Conseil Départemental. Puis en 2016, une nouvelle loi[212] est venue réaffirmer la place de l'enfant au cœur du dispositif de protection.

Une fois la situation signalée, les conditions d'engagement de l'action publique et la compétence de la France sont dérogatoires en matière de prostitution des mineurs.

Section 2. Des réponses pénales dérogatoires

Pour assurer une protection effective des mineurs victimes d'infraction, et particulièrement d'infractions sexuelles, le législateur a inséré dans le Code Pénal un titre particulier intitulé « de la procédure applicable aux infractions de nature sexuelle et de la protection des mineurs victimes ». Les grands principes de la procédure pénale se trouvent ainsi substantiellement modifiés : les règles de prescription d'une part (§1) et les règles de compétence extraterritoriale de la France d'autre part (§2).

[210] Loi n° 89-487 du 10 juillet 1989.

[211] Loi n° 2007-293 du 5 mars 2007, préc.

[212] Loi n° 2016-297 du 14 mars 2016 relative à la protection de l'enfant.

§1. Des conditions d'action publique dérogatoires

Pour protéger toujours plus le mineur victime d'infraction, le législateur a mis en place des mesures d'action publique dérogatoires : d'une part quant à la durée du délai de prescription de l'action publique (A) et d'autre part quant au point de départ de ce délai (B).

A. La prescription de l'action publique

La prescription est une cause d'extinction de l'action publique par l'écoulement d'un certain délai. C'est donc un obstacle classique à l'exercice des poursuites. Mais quand l'infraction a été commise à l'encontre d'un mineur, l'obstacle peut se révéler plus important pour plusieurs raisons. Le mineur ne peut pas agir seul avant l'âge de dix-huit ans et l'exercice d'une action en justice par les représentants légaux peut parfois être délicat. Mais souvent, les infractions commises sur les mineurs sont peu visibles. *De facto*, et s'agissant principalement des infractions sexuelles, ce n'est souvent que très tard que la victime parle des faits, et il se peut que la prescription soit acquise[213]. Le législateur a alors prévu des dérogations tant sur les délais que sur le point de départ de la prescription.

Le but du législateur — Depuis plusieurs dizaines d'années, le législateur a souhaité « marquer la gravité particulière des infractions, notamment sexuelles, commises sur les mineurs et leur laisser le temps suffisant pour obtenir justice. Il a soumis la plupart de ces infractions à un régime de prescription de l'action publique dérogatoire du droit commun en leur appliquant des délais allongés et en prévoyant le report du point de départ de ces délais, normalement fixés au jour où l'infraction a été commise, à la

---

[213] BONFILS (P.), GOUTTENOIRE (A.), *op. cit.*, p. 1201.

majorité de la victime lorsque celle-ci était mineure au moment des faits[214] ». Ainsi, le premier article de la loi du 3 août 2018[215] a pour objet d'allonger de dix ans le délai de prescription applicable aux crimes commis sur mineurs en le portant à trente ans à compter de la majorité de la victime qui pourra donc, après promulgation du texte porter plainte jusqu'à l'âge de quarante-huit ans.

Madame Marlène Schiappa, secrétaire d'État chargée de l'égalité entre les femmes et les hommes indique que « cette évolution correspond à la nécessité de mieux prendre en compte la difficulté des victimes à signaler les faits, difficulté d'autant plus importante lorsque la victime est jeune, et d'autant plus forte lorsque les crimes ont été commis dans la sphère proche, familiale, dans l'entourage du mineur »[216]. Elle ajoute de plus que « cette évolution correspond également à une meilleure prise en compte d'un phénomène que l'on méconnaissait il y a encore quelques années mais qu'on comprend désormais mieux grâce à la recherche : l'amnésie traumatique ». Partant, la secrétaire d'État estime que « l'allongement du délai de prescription donnera davantage de temps à la victime pour surmonter son traumatisme avant d'engager une action en justice, et permettra d'augmenter le nombre de dépôts de plaintes et donc, de condamnations »[217].

L'allongement des délais de prescription — Les infractions sexuelles, notamment sur les mineurs, font partie des infractions les plus nocives pour l'ordre public. C'est la raison pour laquelle ces infractions font l'objet de délais de

---

214 LOUIS (A.) rapport préc.

215 Loi n° 2018-703 du 3 août 2018 renforçant la lutte contre les violences sexuelles et sexistes.

216 LOUIS (A.) rapport préc..

217 *Ibid.*

prescription plus longs[218]. A ce titre, le législateur va commencer par adopter la loi du 17 juin 1998[219] qui augmente le délai de prescription de certaines infractions commises contre les mineurs. La loi du 9 mars 2004[220] reste dans cette voie. La dernière référence en date concernant les mineurs est la loi du 3 aout 2018[221] qui modifie les articles 7 et 8 du Code de procédure pénale. Lors de la discussion du projet de loi de 2018, certains proposaient même de rendre les crimes sexuels commis sur mineurs imprescriptibles en estimant que leurs « auteurs ne seront jamais tranquilles et ne pourront jamais considérer que ces actes odieux ont pu être effacés par le temps[222] ». Des délais de prescription de 40 et 50 ans ont été également proposés. Toutefois le rapporteur a rappelé que l'imprescriptibilité doit être réservée aux crimes d'une extrême gravité comme c'est le cas pour les crimes contre l'humanité. La secrétaire d'État a ajouté que « sur le plan strictement juridique, cela risque de se heurter à la censure du Conseil constitutionnel, qui n'admet l'imprescriptibilité que pour les crimes « touchant l'ensemble de la communauté internationale », ce qui n'inclut pas les crimes à l'encontre des mineurs, en dépit de leur particulière gravité »[223]. Le rapporteur a alors estimé que « l'allongement de la durée de prescription de vingt à trente ans représente une avancée considérable pour les victimes de ce type d'infractions », rétablissant « la spécificité que constitue le

---

218 LE DEVEDEC (B.), Les infractions sexuelles sont-elles encore prescriptibles ?, *village-justice.com*, avril 2019.

219 Loi n° 98-468 du 17 juin 1998 relative à la prévention et à la répression des infractions sexuelles ainsi qu'à la protection des mineurs.

220 Loi n° 2004-204 du 9 mars 2004 portant adaptation de la justice aux évolutions de la criminalité.

221 Loi n° 2018-703 du 3 août 2018, préc.

222 *Ibid.*

223 *Ibid.*

fait que la victime soit mineure, spécificité qu'avait gommée la loi du 27 février 2017 »[224].

Ainsi, par jeu de renvois, les articles 7 et 8 du Code de procédure pénale prévoient les délais de prescriptions suivants : le délai de prescription est de trente ans pour les crimes de l'article 706-47 du code de procédure, par exemple, le viol ou les crimes de traite des êtres humains ou de proxénétisme[225] ; pour les délits d'agression sexuelle et atteintes sexuelles sur mineur de quinze ans, le délai est de vingt ans[226] ; et dix ans[227] pour les délits de proxénétisme sur mineur de plus quinze ans et de recours à la prostitution d'un mineur.

B. Le point de départ du délai de prescription de l'action publique

Le report du point de départ — Selon le droit commun, le délai de prescription de l'action publique court à compter du jour où l'infraction a été commise[228] (ou quand l'infraction cesse de produire ses effets, d'il s'agit d'une infraction continue). En droit des mineurs, une exception existe : celle du report du point de départ du délai de prescription. Ce principe n'est pas nouveau. Deux lois du 10 juillet 1989[229] et du 4 février 1995 avaient prévu que, pour certains crimes et délits commis contre les mineurs par personne ayant autorité, la prescription était suspendue durant la minorité de la victime[230]. La loi du 17 juin 1998[231] a sup-

---

224 *Ibid.*

225 C. proc. pén., art. 7 al. 3.

226 C. proc. pén., art. 8 al. 3.

227 C. proc. pén., art. 8 al. 2.

228 C. proc. pén., art. 7 et 8.

229 Loi du 10 juillet 1989, préc.

230 BONFILS (P.), GOUTTENOIRE (A.), *op. cit.*, p. 1236.

primé cette exigence du rapport d'autorité en matière de délit, étendant ainsi la portée du principe au droit commun quand une infraction a été commise à l'encontre d'un mineur. Ce report du point de départ sera repris par chaque loi réformant la prescription de l'action publique.

En 2014, dans une proposition de loi[232], l'idée avait été évoquée d'aligner le régime des infractions sexuelles commises à l'égard des mineurs sur celui des infractions occultes ou dissimulées et de faire ainsi courir le délai de prescription à partir du moment où la victime était en mesure de révéler l'infraction[233]. Il fut en effet soutenu que « cette clandestinité se retrouve aussi dans les violences sexuelles qui, en raison de leur nature, du traumatisme qu'elles entraînent, et de la situation de vulnérabilité particulière dans laquelle elles placent la victime, peuvent faire l'objet d'une prise de conscience ou d'une révélation tardive : un report du point de départ de délai de prescription au jour où l'infraction apparaît à la victime dans des conditions permettant l'exercice de l'action publique consacrerait, au regard des règles de prescription, une égalité de traitement, gage de sécurité juridique, entre toutes les infractions souterraines, commises tant contre les biens qu'à l'encontre des personnes[234] ». Toutefois aucune suite ne sera donnée à cette proposition.

En conséquence, en conjuguant l'augmentation des délais de prescription et le recul du point de départ à la majorité, la victime dispose de la possibilité de déposer plainte jusqu'à l'âge de quarante-huit ans pour les crimes (et, selon les cas, jusqu'à trente-huit ou vingt-huit ans pour les

---

231 Loi n° 98-468 du 17 juin 1998 relative à la prévention et à la répression des infractions sexuelles ainsi qu'à la protection des mineurs.

232 Texte n° 368 (2013-2014) de Mmes Muguette Dini, Chantal Jouanno et plusieurs de leurs collègues, déposé au Sénat le 13 février 2014.

233 LE DEVEDEC (B.), art. préc.

234 KALTENBACH (P.), *Rapport fait au nom de la Commission des lois*, n° 549, Sénat, 21 mai 2014.

délits), quel que soit l'âge auquel elle a subi l'infraction. On s'aperçoit donc que le souci de protection des mineurs victimes d'infractions sexuelles conduit à lutter sans cesse contre la prescription de l'action publique[235], donnant même la sensation d'une imprescriptibilité pour les crimes les plus graves commis sur mineurs.

§2. La compétence extraterritoriale de la France

En raison de la prise en compte progressive de la mondialisation de la prostitution et de la traite des êtres humains, le droit procédural s'est adapté en modifiant ses principes (A) pour aboutir à des mesures dérogatoires de protection des mineurs en matière de prostitution (B).

A. Un principe adapté à la mondialisation de la prostitution

L'application de la loi pénale dans l'espace est dominée par le principe de l'article 113-2 du Code Pénal, à savoir le principe de territorialité. Cela signifie que la loi pénale française est applicable aux faits commis sur le territoire français. Mais dans un souci de répression, la loi française peut s'appliquer pour des faits commis à l'étranger, soit quand l'auteur est français, soit quand la victime est française. On parle respectivement de personnalité active et de personnalité passive. Le premier principe permet de réprimer les infractions commises à l'étranger par un français[236]. Cela vaut pour tous les crimes, et pour les délits si et seulement si les faits sont également réprimés dans le pays où ont été commis les faits. Le second principe permet quant à lui de réprimer les infractions commises à l'étranger sur un français[237]. Toutefois, dans un cas comme dans l'autre, les

[235] BONFILS (P.) et GOUTTENOIRE (A.), *op. cit.*, p. 1232.

[236] C. pén., art.113-6.

[237] C. pén., art. 113-7.

conditions de mise en œuvre des poursuites sont strictes. C'est pour pallier cette sévérité que des aménagements existent concernant les victimes mineures[238]. Dans une double optique de répression accrue des clients de personnes prostituées mineures et de lutte contre la prostitution des mineurs, la loi de 2002 a en effet prévu des dérogations.

La loi de 2002 et la compétence de la France — Dès le début de l'examen de la loi, en fin de première lecture, le Gouvernement a posé le principe selon lequel : « dans le cas où les délits prévus par les articles 225-12-1 et 225-12-2 sont commis à l'étranger par un Français ou par une personne résidant habituellement sur le territoire français, la loi française est applicable par dérogation au deuxième alinéa de l'article 113-6 et les dispositions de la seconde phrase de l'article 113-8 ne sont pas applicables ». Ce principe, posé à l'article 13 de la loi de 2002, instituant l'article 225-12-3 dans le Code Pénal, ne sera pas amendé, et sera adopté dans les termes initiaux. Cela montre la volonté du législateur de condamner le recours à la prostitution et de lutter contre la prostitution des mineurs, même pour des faits commis à l'étranger.

B. Les mesures dérogatoires

Extension du domaine du principe de personnalité — La loi relative à l'autorité parentale étend ainsi l'application de ces dispositions aux faits commis à l'étranger par un français ou par une personne résidant habituellement sur le territoire français[239]. Deux éléments sont importants à noter. Premièrement, cette extension ne concerne que la personnalité active et non passive. Partant, pour que ces règles dérogatoires puissent s'appliquer, c'est l'auteur qui doit être français ou résider habituellement en France. Aucune réfé-

238 BONFILS (P.) et GOUTTENOIRE (A.), *op. cit.*, p. 1233.

239 DOLEZ (M.), rapport préc.

rence n'est faite quant à la qualité de la victime : il n'est pas nécessaire qu'elle soit française ou réside habituellement en France. Deuxièmement, cet article ne s'applique que pour l'infraction de recours à la prostitution d'un mineur prévue à l'article 225-12 du Code Pénal.

La loi ne fait référence à aucune autre infraction. Ainsi, pour les autres infractions relatives à la prostitution des mineurs comme le proxénétisme ou la traite des êtres humains, il faut analyser d'autres sources juridiques. Les mêmes dispositions dérogatoires existent ainsi pour le proxénétisme à l'article 225-11-2 du Code Pénal, et à l'article 225-4-8 pour la traite des êtres humains (étant noté que, dans ce dernier cas, seul peut être pénalement inquiété un auteur de nationalité française : la possibilité de poursuivre et condamner un auteur étranger résidant habituellement en France n'est pas prévue). En revanche, aucune référence n'est faite quant à la compétence personnelle passive de la France.

Absence de nécessité de réciprocité d'incrimination — Pour les crimes, le principe a toujours été celui de l'absence de nécessité de la double incrimination. En revanche, pour les délits, l'extraterritorialité s'applique mais sous réserve d'une double incrimination. C'est-à-dire qu'il faut que les faits soient également incriminés dans le pays où ils sont commis. Ce principe est prévu à l'article 113-6, 2°, du Code Pénal qui dispose que la loi pénale française « est applicable aux délits commis par des Français hors du territoire de la République si les faits sont punis par la législation du pays où ils ont été commis ». Toutefois, toujours dans le but de lutter contre la prostitution des mineurs, le législateur a abandonné cette exigence de réciprocité d'incrimination dans les cas où l'atteinte sexuelle était accompagnée du versement d'une rémunération[240]. Puis, sont intervenues des lois

---

240 MUNTARBHORN (V.), *Lois pénales extraterritoriales contre l'exploitation sexuelles des enfants*, UNICEF, 1999.

de 1998[241] et de 2002[242], qui ont prévu que « la loi française est applicable par dérogation au deuxième alinéa de l'article 113-6 ».

Le législateur écarte donc la condition de réciprocité normalement exigée pour les délits, ce qui permet de punir les auteurs français ou résidant habituellement en France, par exemple du chef de recours à la prostitution des mineurs, alors même que le pays où les faits sont commis ne réprime pas un tel comportement. Les mêmes dispositions existent pour le proxénétisme à l'article 225-11-2 du Code Pénal et à l'article 225-4-8 du même code pour la traite des êtres humains. Le but du législateur est, par là même, de lutter contre le tourisme sexuel et particulièrement celui à l'encontre des mineurs.

Absence de nécessité de plainte préalable — L'article 113-8 du Code Pénal dispose que, en matière de compétence personnelle (active comme passive), « la poursuite des délits ne peut être exercée qu'à la requête du Ministère Public. Elle doit être précédée d'une plainte de la victime ou de ses ayants droit ou d'une dénonciation officielle par l'autorité du pays où le fait a été commis ». Cette condition de plainte (ou dénonciation) préalable est cependant écartée, pour certaines infractions, en présence d'une victime mineure, à dessein de faciliter la mise en œuvre de la répression. Tel est le cas, notamment, pour le recours à la prostitution d'un mineur, le proxénétisme et la traite des êtres humains (articles 225-4-8, 225-11-2 et 225-12-3 du Code Pénal, qui excluent tous l'application « de la seconde phrase de l'article 113-8 »).

On notera bien que les dérogations faites aux conditions classiques du principe de personnalité active ne sont possibles que quand elles sont spécialement prévues par la loi.

---

241 Loi n° 98-468 du 17 juin 1998, préc.

242 Loi n° 2002-305 du 4 mars 2002, préc.

Seules quelques infractions, sont, à ce titre, concernées : outre le recours à la prostitution d'un mineur, le proxénétisme ou la traite des êtres humains, évoqués à l'instant, on peut citer également la corruption de mineurs, les agressions et atteintes sexuelles, ou encore l'enregistrement, la diffusion ou détention d'images pédopornographiques[243]. S'agissant des dérogations apportées aux conditions ordinaires de mise en œuvre de la personnalité passive, elles ne s'appliquent que pour les faits de violences graves[244].

Conclusion de la section 2 — Les mesures dérogatoires quant à la prescription de l'action publique ou à la compétence internationale de la France peuvent apparaitre importantes et exorbitantes du droit commun. Toujours plus en expansion, elles sont aujourd'hui un atout de notre système juridique pour la protection des mineurs, en l'espèce des mineurs prostitués et démontrent la prise en compte par le législateur de la mondialisation de la prostitution.

Conclusion du chapitre 2 — Depuis une vingtaine d'années, la protection substantielle du mineur s'est renforcée. C'est au niveau procédural que cette évolution est la plus notable car « le jeune âge des victimes impose des aménagements de la procédure pénale pour permettre à celles-ci un meilleur exercice de leurs droits et la prise en compte de leur fragilité naturelle[245] ». Et malgré son caractère récent, cette protection s'est accrue avec la loi de 1998[246] puis avec la loi de 2002 qui a apporté son concours quant à la protection des mineurs victimes de prostitution. D'autres lois procédurales en matière de signalement sont venues renforcer cette protection.

---

243 C. pén., art. 227-27-1.

244 C. pén., art. 222-16-2.

245 GOUTTENOIRE (A.), Enfance, *Rép. pén.*, octobre 2016, n° 115.

246 Loi n° 98-468 du 17 juin 1998, préc.

Conclusion de la partie 1 — Les mineurs ne se retrouvent pas dans la prostitution par hasard. Tous les parcours des victimes sont quasiment semblables. Ce sont des personnes fragiles psychologiquement, ou vivant dans un cadre familial insécurisant. Cela entraine des carences affectives, un manque d'estime personnel, une crédulité excessive ou un attrait pour les conduites à risque[247]. C'est ainsi que le législateur a décidé de ne pas refuser le statut de victime à ces mineurs. Ces derniers étant toujours considérés comme victimes d'une forme de contrainte, ils nécessitent des mesures procédurales dérogatoires et adaptées tant à leur jeune âge qu'à leur qualité de personnes en danger. Notons que le risque d'avoir accès à la prostitution est augmenté par les NTIC qui simplifient et accélèrent les rencontres[248] et par conséquent le risque de conduite prostitutionnelle et d'exploitation. Néanmoins, bien que le législateur ait pris un nombre important de mesures répressives des acteurs de la prostitution des mineurs, les mesures relatives à la prostitution en ligne restent encore timides.

---

[247] MELON (A.), Réseaux parallèles, *L'école des parents* 2018/1, n° 626, p. 53.

[248] *Ibid.*

2nde PARTIE
L'ENCADREMENT PAR LA REPRESSION

Le droit pénal joue un rôle primordial dans la répression des personnes impliquées dans la prostitution des mineurs. Il apporte sa protection aux mineurs victimes d'atteintes graves, et même parfois tellement graves que le législateur décide de les incriminer spécialement.

C'est en se fondant sur l'article 34 de la CIDE[249] que le législateur a inscrit dans le Code Pénal un titre intitulé « Du proxénétisme et de la traite des êtres humains ». En accord avec le droit international, le législateur a désiré protéger les mineurs contre l'exploitation sexuelle dont ils peuvent être victimes. Dans cette optique de protection, le Code Pénal ne définit pas la prostitution, mais se limite à définir un certain nombre de comportements infractionnels en amont ou en aval du fait de prostitution[250]. Ainsi, le droit pénal protège la minorité des victimes de deux façons qui s'avèrent complémentaires : soit en incriminant les atteintes contre les mineurs de façon autonome et spécifique, la minorité apparaissant ainsi comme le préalable de l'infraction, soit en envisageant la minorité comme une circonstance aggravante de l'infraction.

La prostitution des mineurs étant complexe, il est nécessaire de s'attarder sur les qualifications pénales possibles et celles qui ne le sont pas en tenant compte de la réalité du phénomène. Il est ainsi judicieux de voir d'abord les qualifi-

---

[249] Les États parties s'engagent à protéger l'enfant contre toutes les formes d'exploitation sexuelle et de violence sexuelle. A cette fin, les États prennent en particulier toutes les mesures appropriées sur les plans national, bilatéral et multilatéral pour empêcher : que des enfants ne soient incités ou contraints à se livrer à une activité sexuelle illégale ; que des enfants ne soient exploités à des fins de prostitution ou autres pratiques sexuelles illégales ; que des enfants ne soient exploités aux fins de la production de spectacles ou de matériel de caractère pornographique.

[250] PY (B.), art. préc.

cations tenant aux exploitants (**chapitre 1**), avant de voir les qualifications applicables aux clients des mineurs prostitués (**chapitre 2).**

Chapitre 1. La répression des exploitants de la prostitution des mineurs

L'expression d' « exploitants de la prostitution des mineurs » regroupe à la fois les proxénètes, mais aussi les auteurs de traite des êtres humains, infractions qui sont toutes deux classées dans la section du Code Pénal relative aux atteintes à la dignité de la personne. Le lien entre ces deux infractions n'est pas forcément évident, mais le législateur le fait lui-même en décidant que les délits de traite des êtres humains et de proxénétisme sont considérés, au regard de la récidive, comme une même infraction[251], ce qui justifie ici l'étude combinée de ces deux incriminations. Il faut donc commencer par présenter les qualifications pénales potentiellement applicables aux exploitants (Section 1). Mais parce qu'il n'est pas à exclure que plusieurs de ces qualifications puissent parfois se retrouver caractérisées sur la tête d'un seul et même exploitant, il conviendra donc, à la suite, de se pencher sur la problématique du concours de ces qualifications (Section 2).

---

[251] C. pén., art. 132-16-3.

Section 1. La présentation des qualifications pénales applicables

Les exploitants dans la prostitution des mineurs peuvent être de différents types : les rabatteurs[252], les parents[253], les proxénètes[254], les directeurs de salon de massages[255], les responsables d'hôtel, bar, *night-club* ou maison de prostitution[256], etc. Il s'agit essentiellement de qualification de proxénétisme et de traite des êtres humains. Il faut alors en présenter successivement les normes de comportement (**§1**) puis les normes de pénalité (**§2**).

§1. Les normes de comportement

Les normes principales de comportements incriminées par le législateur sont au nombre de deux : le proxénétisme (A) et la traite des êtres humains (B). Ce qui fait que la France fait aujourd'hui partie des États les mieux dotés pour lutter contre la prostitution des mineurs[257].

A. Le proxénétisme

Le proxénétisme est une infraction de plus en plus large au fil des évolutions. Il revêt aujourd'hui différentes formes (1), en en faisant une infraction particulière, son élément préalable, la prostitution, n'étant pas punissable (2).

1. La matérialité de l'infraction

La disparition de la notion de débauche — L'ancien Code Pénal listait les différents comportements du proxéné-

---

[252] C. pén., art. 225-5.

[253] C. pén., art. 225-7.

[254] C. pén., art. 225-5.

[255] C. pén., art. 225-10.

[256] C. pén., art. 225-10.

[257] MIMOUNI (R.), *op. cit.*, p. 171.

tisme faisant toujours référence à la débauche[258]. Aujourd'hui, on ne parle donc plus d'entraînement, embauche ou détournement en vue de la débauche, mais seulement d'actes visant la prostitution ou qui tendent à exercer une pression pour que la personne qui se prostitue continue de le faire[259]. Cette évolution sémantique s'explique par la prise en compte du législateur de l'évolution des mœurs. Ainsi, il est apparu que la notion de débauche renvoyait à des faits non couverts par la prostitution[260]. En effet, la débauche ne renvoie pas nécessairement à l'idée de rémunération contrairement à la notion de prostitution.

De nouvelles formes de proxénétisme — C'est dans un but toujours plus abolitionniste que le champ des formes de proxénétisme s'est élargi. Initialement, le proxénétisme consistait dans l'entraînement, l'embauche ou le détournement en vue de la prostitution, le partage de produits de la prostitution ou encore le rôle d'intermédiaire[261]. En 1960, est ajouté le fait de ne pas pouvoir justifier de ressources ou le fait par menace, pression, manœuvre ou par tout autre moyen, d'entraver l'action de prévention, de contrôle, d'assistance ou de rééducation entreprise par des organismes qualifiés en faveur de personnes se livrant à la prostitution ou en danger de prostitution[262].

Aujourd'hui, présentée en huit articles, l'incrimination de proxénétisme et des faits assimilés fait l'objet d'une section unique dans le Code Pénal classée dans les atteintes à la dignité de la personne humaine. Le proxénétisme est présenté en trois catégories : le proxénétisme proprement dit[263], le

---

258 Anc. C. pén., art. 334.

259 MIMOUNI (R.), *op. cit.*, p. 173.

260 *Ibid.*

261 Anc. C. pén., art. 334.

262 MIMOUNI (R.), *op. cit.*, p. 174.

263 C. pén., art. 225-5.

proxénétisme assimilé[264] et le proxénétisme hôtelier[265]. Les articles 225-5 à 225-10 du Code Pénal font ainsi apparaître une distinction entre d'une part le proxénétisme *stricto sensu* et les actes assimilés au proxénétisme, d'autre part, les infractions afférentes aux lieux de prostitution[266]. Toutefois, nous ne rentrerons pas ici dans les détails des différentes infractions de proxénétisme.

2. La prostitution comme élément préalable

Le proxénétisme n'est pas une infraction de conséquence — Pour qu'il y ait proxénétisme, il faut qu'il y ait prostitution[267], activité qui n'est pas textuellement définie par le législateur. Or, la plupart des faits de proxénétisme se définissent par rapport aux faits prostitutionnels. Ainsi, « sans prostitution, il n'y a pas de proxénétisme ; et sans proxénétisme, pas de répression… »[268]. Se pose ainsi la question de savoir si le proxénétisme est ou non une infraction de conséquence[269]. Le proxénétisme ne peut pas être, à l'image du recel ou du blanchiment, une infraction de conséquence, car toute infraction de conséquence suppose une infraction d'origine. Or, il a été vu que la prostitution n'est pas une infraction (y compris si elle est le fait d'un mineur : sa prostitution est interdite, mais pas illégale, faute de sanction pénale). C'est donc une autre perspective qu'il faut suivre : celle en vertu de laquelle la prostitution est la condition préalable de l'infraction de proxénétisme. En effet, la dépendance du comportement incriminé à l'égard d'un premier comportement échappant à toute sanction pénale est

---

264 C. pén., art. 225-6.

265 C. pén., art. 225-10.

266 LEPAGE (A.) et MATSOPOULOU (H.), *Droit pénal spécial*, *op. cit.*, p. 230.

267 *Ibid.*, p. 229.

268 MARON (A.), C'est la prostituée qui fait le proxénète, *Dr. pén.* 1990, n° 2, chron. 1.

269 PY (B.), art. préc.

suffisamment exprimée par la notion de condition préalable[270].

La prostitution comme élément préalable du proxénétisme — Il est ainsi plus judicieux, dans un but de répression optimale, de considérer l'infraction de proxénétisme comme une infraction classique et non de conséquence, mais en regardant le fait prostitutionnel comme une condition préalable à l'infraction de proxénétisme. On parle ainsi de condition préalable pour désigner des éléments préexistants. Parfois, la notion s'avère complexe puisqu'un véritable comportement peut être exigé à titre préalable. Ainsi rapporter la preuve de la prostitution d'autrui est nécessaire à la sanction du proxénétisme qui se consomme dans un second temps par son exploitation[271]. L'exigence d'un ou d'une prostituée apparaît comme la condition préalable au délit du proxénétisme[272]. C'est ainsi que la Cour de cassation a cassé une décision d'appel condamnant une personne pour proxénétisme par entremise, alors même que la personne ne se prostituait pas encore. La condition préalable de mise en relation de personne en état de prostitution n'était ainsi pas remplie[273].

Une prostitution effective — Le délit qui consiste à faire office d'intermédiaire entre une personne prostituée et un client n'est constitué que si la personne qui se livre à la prostitution exerçait déjà cette activité au moment de l'entremise[274]. Dans l'affaire ayant conduit à cette affirmation, un adjoint au maire chargé de la prévention de la délinquance était poursuivi pour « avoir été l'artisan d'un rapprochement, en toute connaissance de cause, entre une

---

[270] DREYER (E.), *Droit pénal général*, Litec, 2010, p. 403.

[271] *Ibid.*, p. 126.

[272] *Ibid.*, p. 242.

[273] Cass. crim., 22 septembre 1999, n° 98-85.612.

[274] *Ibid.*

personne qui envisageait de se prostituer et une personne exploitant la prostitution d'autrui ». Il fut condamné pour proxénétisme par entremise. La loi pénale étant d'interprétation stricte, la Cour de cassation a cassé la décision, au motif que l'article sur lequel se fonde la condamnation suppose que la personne qui se livre à la prostitution exerçait déjà cette activité au moment de l'entremise, c'est-à-dire au moment où sont accomplis les faits poursuivis[275]. Or en l'espèce, la personne envisageait de se prostituer mais ne l'était pas encore. La Cour de cassation ne s'est pas contentée de casser l'arrêt, elle a également renvoyé l'affaire pour qu'elle soit rejugée. Elle a orienté la Cour d'appel vers le bon délit, celui où la prostitution n'est pas un préalable mais une fin, le fait « d'embaucher, d'entraîner ou de détourner une personne en vue de la prostitution ». Il faut donc bien faire la différence entre la prostitution effective et la prostitution envisagée[276] dans la qualification.

B. La traite des êtres humains

La traite des êtres humains est une infraction récente dont la matérialité diffère de celle du proxénétisme (1). En outre, la prostitution n'est plus un préalable mais une fin (2).

1. La matérialité de l'infraction

« La traite des êtres humains est l'esclavage des temps modernes. Les victimes sont souvent recrutées, transportées ou hébergées par la force, par la contrainte ou par la tromperie à des fins d'exploitation, qu'il s'agisse d'exploitation sexuelle, de travail ou de services forcés, de mendicité, d'activités criminelles ou de prélèvement d'organes. Il s'agit d'une violation grave de la liberté et de la dignité des personnes et d'une forme sérieuse de criminalité. Elle touche femmes,

---

[275] VERON (M.), Prostitution effective et prostitution envisagée, *Dr. pén.* 2000, Comm. 44.

[276] *Ibid.*

hommes, filles ou garçons en situation de vulnérabilité »[277]. Jusqu'en 2003, seule la traite d'une personne aux fins de prostitution était sanctionnée sous la qualification de proxénétisme. Le délit de traite des êtres humains sera créé par la loi du 18 mars 2003[278] puis étendu en 2007 avant d'être réécrit en 2013[279] pour aboutir à l'infraction que l'on connait aujourd'hui qui est scindée en deux, selon que la victime est majeure ou mineure.

Matérialité de la traite des êtres humains — La traite des êtres humains est source d'une définition complexe qui répond à une distinction entre la traite des êtres humains sur personnes majeures et sur personnes mineures. Elle est définie dans le Code Pénal à l'article 225-4-1. L'infraction de traite est constituée de trois éléments : un acte, un moyen et un but[280]. L'acte de traite consiste à recruter, transporter, transférer, héberger ou accueillir une personne[281]. Ces actes doivent passer par certains procédés, aussi qualifiés de moyens tels que l'abus d'autorité, l'abus de vulnérabilité, la violence, la contrainte, la rémunération ou la promesse de rémunération et par des manœuvres dolosives[282]. Enfin le but est toujours une forme d'exploitation, c'est-à-dire pour mettre la personne à sa propre disposition ou à celle d'un tiers[283]. Il existe plusieurs formes d'exploitation dans la traite des êtres humains comme le travail forcé, l'esclavage, la criminalité forcée, la mendicité forcée, mais pour ce qui nous intéresse il s'agit de l'exploitation sexuelle. Ces trois éléments

---

[277] DARSONVILLE (A.), Traite des êtres humains, *Rép. pén.*, janvier 2017.

[278] Loi n° 2003-2391, 18 mars 2003, préc.

[279] Loi n° 2013-711 du 5 août 2013 portant diverses dispositions d'adaptation dans le domaine de la justice en application du droit de l'Union européenne et des engagements internationaux de la France.

[280] SOURD (A.), Mesurer la traite des êtres humains, *AJ Pénal* 2019, p. 516.

[281] CONTE (P.), *Droit pénal spécial*, Lexis Nexis, 6e éd., 2019, p. 352.

[282] SOURD (A.), art. préc., p. 517.

[283] CONTE (P.), *op. cit.*, p. 352.

sont nécessaires pour qualifier la traite à l'égard d'une personne majeure.

L'absence de nécessité du moyen pour les mineurs — Toutefois, le II de l'article 225-4-1 du Code Pénal prévoit que dans le cas de la traite de mineurs, l'infraction est constituée sans que soit exigée une quelconque forme de moyen. Partant, pour caractériser plus facilement cette infraction sur les mineurs, le législateur estime que certaines conditions ne sont plus nécessaires à la qualification de la traite des êtres humains. Il n'est alors plus nécessaire de démontrer le moyen pour qualifier la traite sur mineur. L'usage d'un moyen spécifique n'est ainsi pas requis, il peut exister mais il n'est pas nécessaire de le démontrer pour que l'infraction soit constituée[284]. Ainsi, contrairement à la définition de la traite des adultes, l'infraction de traite est constituée à l'égard des mineurs dès lors qu'elle en comprend l'action et le but, même en l'absence de moyen (recours à la force ou autres formes de contrainte, enlèvement, fraude, tromperie, abus d'autorité...). En effet, le consentement de l'enfant est dans tous les cas indifférent et ne saurait exonérer l'auteur de faits de traite.

La prise en compte de la minorité — La minorité n'est plus une circonstance aggravante, comme c'est le cas dans l'infraction de proxénétisme, mais un élément constitutif de l'infraction au même titre que les autres éléments (action et but). Par conséquent, pour pouvoir appliquer le II de l'article 225-4-1 du Code Pénal, il est impératif que la victime soit une personne mineure, sans quoi il sera nécessaire d'appliquer le I de ce même article. Cela permet ainsi une meilleure répression de la traite et une qualification plus aisée de l'infraction.

Distinction traite des êtres humains et proxénétisme par embauche, entraînement ou détournement — La

[284] DARSONVILLE (A.), art. préc.

prostitution comme finalité d'une infraction peut recouvrir deux incriminations concurrentes : la traite des êtres humains et le proxénétisme par embauche. La finalité est en effet la même : prostituer une personne. L'acte matériel de la traite des êtres humains et de cette forme de proxénétisme est le même : c'est le fait d'embaucher la personne en vue de la prostitution. Toutefois, la différence majeure entre les deux incriminations réside dans la notion de consentement et de contrainte. Le proxénétisme par embauche, entraînement, détournement ou pressions en vue de la prostitution ne se fait pas sous la contrainte[285]. L'embauche pouvant être vue comme une forme de contrat, elle nécessite le consentement de la victime. Le délit est ainsi consommé dès qu'intervient l'accord des volontés entre l'auteur et la victime qui accepte d'être embauchée ou entraînée en vue de la prostitution[286]. En revanche, la traite des êtres humains est une infraction qui se réalise sous la contrainte. Toutefois nous avons vu que la contrainte n'est pas à prouver dans le cas d'une victime mineure. Partant, si la contrainte n'est plus à prouver, l'absence de consentement non plus, il est alors possible de retenir le proxénétisme par embauche et la traite des êtres humains (v. *infra* sur les concours de qualifications).

2. La prostitution comme finalité

Contrairement à la plupart des formes de proxénétisme, la prostitution n'est pas un élément préalable à la traite des êtres humains, mais une finalité. On parle d'exploitation à des fins de prostitution, précision sémantique qui renvoie au caractère formel et intentionnel de l'infraction de traite, permettant une répression plus importante.

Le caractère formel de la traite — Alors même que le fait prostitutionnel est une condition de qualification du

[285] Il existe néanmoins un cas de proxénétisme où la notion de contrainte est présente, lorsque sont évoquées des « pressions ».

[286] RASSAT (M.-L.), art. préc.

proxénétisme, dans le cas de la traite des êtres humains, la prostitution n'en est qu'un but. Partant, on utilise préférentiellement le terme d'exploitation sexuelle en vue de prostitution, le but étant toujours une exploitation. Le Code Pénal indique que « la traite des êtres humains est le fait de recruter une personne, de la transporter, de la transférer, de l'héberger ou de l'accueillir à des fins d'exploitation[287] ». Un tel comportement revient ainsi à incriminer de simples actes préparatoires au regard des infractions projetées[288]. L'infraction se rapproche ce faisant de la complicité par aide ou assistance, laquelle consiste à faciliter la préparation ou la consommation de l'infraction[289]. On constate que la définition de la traite des êtres humains reprend des éléments de la définition de la complicité. Toutefois, pour écarter l'hypothèse de la complicité, c'est ici une infraction formelle (« à des fins de », « afin ») : peu importe que l'acte n'ait pas été suivi du résultat, en l'espèce, de la prostitution du mineur, alors que la complicité nécessite un acte principal punissable[290]. L'incrimination n'implique donc nullement, pour être constituée, qu'elle soit suivie d'un comportement. Étant formelle, l'infraction est ainsi supposée être caractérisée avant que la personne ne se soit prostituée.

Le caractère intentionnel de la traite — En l'absence de précision contraire, l'infraction est intentionnelle. Ici, il n'est rien dit quant à l'élément moral de l'infraction. Il est évident que le législateur a envisagé une infraction intentionnelle mais il a eu tort de ne pas le dire au regard de la complexité de l'élément matériel[291]. Partant, l'infraction de traite des êtres humains est intentionnelle. Elle comporte ainsi un dol spécial : « à des fins d'exploitation ». Il faut donc

---

287 C. pén., art. 225-4-1.

288 CONTE (P.), *op. cit.*, p. 353.

289 C. pén., art. 121-7.

290 CONTE (P.), *op. cit.*, p. 353.

291 RASSAT (M.-L.), *Droit pénal spécial*, Dalloz, 8e éd., 2018, p. 520.

établir que l'auteur de l'acte savait à quoi était destinée la victime[292]. En matière de prostitution des mineurs, l'auteur devait savoir que le but serait de soumettre le mineur à la prostitution. Ainsi, il semble logique que l'on exige que l'auteur ait su quels agissements étaient projetés[293]. Par conséquent, pour qualifier l'infraction d'exploitation à des fins de prostitution, la personne qui met à disposition quelqu'un ou qui décide de profiter de la victime doit nécessairement avoir conscience de la finalité au regard de laquelle elle agit, ici la prostitution d'un mineur[294].

---

[292] *Ibid.*, p. 354.

[293] MALABAT (V.), *Droit pénal spécial*, Dalloz, coll. Hypercours, 6e éd., 2013, n° 539.

[294] AMAR (J.), Traite des êtres humains, *JurisClasseur Pénal Code*, Fasc. 20, 10 juin 2014.

§2. Les normes de pénalité

On constate, à l'étude des peines applicables aux infractions de proxénétisme et de traite, deux difficultés : une nécessaire harmonisation des peines (A), et un impossible cumul des circonstances aggravantes (B). Notons que nous n'étudierons pas ici la responsabilité des personnes morales, dans la mesure où c'est celle des personnes physiques qui est le plus souvent recherchée[295]. Nous n'évoquerons pas non plus l'impossible responsabilité pénale de l'État[296].

A. Une nécessaire harmonisation des peines de proxénétisme et de traite

Avec l'étude combinée des sanctions applicables en matière de proxénétisme et de traite (1), nous verrons que la répression nécessite une harmonisation concernant les mineurs (2).

1. D'une répression autonome à une répression aggravée

Répression du proxénétisme proprement dit et par assimilation — Qu'il s'agisse du proxénétisme *stricto sensu* ou du proxénétisme par assimilation, l'aggravation de la répression repose sur la même graduation, qui intègre des

---

[295] Certains sites internet comme *Wannonce Vivastreet* sont considérés comme des proxénètes mettant en contact des clients et des prostituées, néanmoins, on recherche la responsabilité des hébergeurs. Il en est de même pour les établissements privés accueillant du public, on retiendra plutôt la qualification de proxénétisme hôtelier aux propriétaires des locaux que la responsabilité de la personne morale.

[296] La Cour Européenne des Droits de l'Homme a considéré que l'État agit « un peu comme un proxénète » quand il réclame le paiement de dettes récurrentes. « S'il est courant de qualifier l'État de plus grand proxénète de France du fait de la perception d'impôts sur les revenus des prostitués, cette affirmation ne peut avoir aucun prolongement répressif, dans la mesure où le code pénal a explicitement exclu toute responsabilité de l'État au titre de la responsabilité pénale des personnes morales ». Effectivement, il ne s'agit en effet pas d'engager la responsabilité pénale de l'État car le droit pénal ne prévoit pas cette possibilité.

peines correctionnelles et des peines criminelles[297]. Ainsi, le proxénétisme aggravé par la minorité de quinze à dix-huit ans est puni par l'article 225-7 du Code Pénal d'une peine correctionnelle de dix ans d'emprisonnement et de 1 500 000 euros d'amende, peu important que la personne qui se livre à la prostitution soit émancipée ou non. L'émancipation ne fait ainsi pas obstacle à ce que la circonstance aggravante de minorité soit retenue. La loi du 18 mars 2003 a ajouté, dans le cadre de la minorité, un palier d'aggravation supplémentaire puisque si le mineur a moins de quinze ans, l'infraction devient criminelle et est punie par l'article 225-7-1 du Code Pénal de quinze ans de réclusion criminelle et de 3 000 000 euros d'amende.

Répression du proxénétisme hôtelier — Concernant le proxénétisme hôtelier, il faut noter que cette forme de proxénétisme est plus sévèrement punie que le proxénétisme proprement dit ou par assimilation. La peine prévue est ainsi de dix ans d'emprisonnement et de 750 000 euros d'amende. Une explication peut être avancée : au-delà du proxénétisme simple, le proxénétisme hôtelier constitue parfois un véritable système de nature à entretenir la prostitution. C'est ce que révèle très clairement l'alinéa 1er de l'article 225-10 du Code Pénal, à travers l'incrimination du fait de « détenir, gérer, exploiter, diriger, faire fonctionner, financer ou contribuer à financer un établissement de prostitution ». De plus, et contrairement aux autres formes de proxénétisme, le proxénétisme hôtelier permet de « rester dans l'ombre » plus facilement. En effet l'article 225-10 du Code Pénal fait référence à des « personnes interposées », ce qui signifie que les proxénètes hôteliers peuvent faire gérer les établissements de prostitution par d'autres personnes en toute connaissance de cause. C'est donc un proxénétisme discret, qui peut s'avérer particulièrement lucratif sur une plus ou moins grande échelle. Partant, le proxénétisme hôtelier étant une infraction

---

297 LEPAGE (A.) et MATSOPOULOU (H.), *op. cit.*, p. 235.

discrète et lucrative, le législateur a choisi d'incriminer plus sévèrement le proxénétisme hôtelier que les autres formes de proxénétisme.

De plus, une particularité existe concernant cette infraction : c'est une des rares infractions de notre Code Pénal qui n'est pas aggravée par la minorité des victimes. Là encore, le choix du législateur peut trouver des réponses dans des explications pratiques. Il faut d'abord préciser que, si le proxénétisme simple ou par assimilation est aggravé par la minorité, l'auteur se révèle d'autant plus dangereux qu'il s'en prend à une personne mineure. Ces proxénètes de l'article 225-5 du Code Pénal ont un lien direct avec le mineur prostitué, ils le connaissent et profitent justement de cette minorité, la personne étant, *de facto,* moins à même de se défendre. À l'inverse, dans le cas du proxénétisme hôtelier de l'article 225-10 du Code Pénal, les actes incriminés révèlent une moindre proximité entre l'agent et le mineur prostitué, voire une absence totale de lien entre les deux, le proxénète hôtelier pouvant agir par personne interposée. En conséquence de quoi, la minorité n'est pas une circonstance spécifiquement exploitée par l'agent en vue de commettre plus facilement l'infraction. Le proxénète de l'article 225-10 du Code Pénal ne sait pas forcément qui se prostitue. Le législateur a donc décidé d'unifier la répression de tous ces actes, quel que soit le lien qui existe entre l'auteur et l'agent afin de réprimer d'un seul tenant tous les actes.

Notons également que le législateur a mis sur le même plan l'acceptation et la simple tolérance, en visant le fait « … d'accepter ou de tolérer habituellement qu'une ou plusieurs personnes se livrent à la prostitution à l'intérieur de l'établissement… ». La tolérance, bien qu'habituelle, révélant une certaine gravité, semble toutefois moins grave que l'acceptation qui nécessite une réelle volonté d'adhésion. C'est un choix de politique criminelle qui va dans le sens d'une volonté assumée de forte répression de ces actes.

Répression de la traite des êtres humains — Quant à la traite des êtres humains sur mineurs, depuis la loi du 5 août 2013, la répression repose en grande partie sur la distinction entre la traite d'un majeur et la traite d'un mineur. Cette dernière est punie par l'article 225-4-2 II du Code Pénal d'une peine principale de dix ans d'emprisonnement et de 1 500 000 € d'amende[298]. Par ailleurs, et contrairement au proxénétisme aggravé, il n'y a pas de distinction entre le mineur de plus ou moins de quinze ans. Ainsi la peine de la traite des mineurs n'est pas aggravée par la minorité de quinze ans.

2. L'harmonisation des peines

La nécessité d'harmonisation des peines — On s'aperçoit que le proxénétisme aggravé par la minorité de moins de quinze est plus sévèrement réprimé que la traite des êtres humains sur mineurs. Or, on ne saurait justifier que la traite sur mineur de quinze ans soit moins réprimée que le proxénétisme sur mineur de quinze ans, alors même que l'infraction de traite tend à insister sur la notion de volonté d'exploitation[299]. Ainsi, en termes de hiérarchie de valeurs, il semble, au regard des peines, que la traite des êtres humains soit moins grave que le proxénétisme. Partant, le Code Pénal estime que le soutien de la prostitution des mineurs de quinze ans est plus grave que l'exploitation du mineur en vue de sa prostitution. L'explication peut se trouver dans la volonté du législateur de sanctionner les faits au cas par cas sans avoir une réflexion globale de la problématique. Par conséquent, dans le cas où les infractions de proxénétisme et de traite des êtres humains trouvent toutes deux à s'appliquer en présence d'un mineur de quinze ans, il est fort à penser que le juge ne retiendra que la qualification de proxénétisme, la répression étant plus importante. Peut-être

[298] LEPAGE (A.) et MATSOPOULOU (H.), *op. cit.*, p. 225.

[299] MELON (A.) et POULET (L.), *Exploitation des mineurs en France*, ACPE, 2018.

serait-il ainsi opportun que le législateur opère une harmonisation des peines de proxénétisme aggravé par la minorité de quinze ans et la traite des êtres humains sur mineurs de quinze ans en alignant la répression à quinze ans de réclusion criminelle et 3 000 000 d'euros d'amende. L'article 4 de la proposition de loi déposée à l'Assemblée Nationale en 2019[300] vise en ce sens à aggraver les sanctions relatives à la traite des êtres humains lorsque l'infraction est commise à l'encontre l'un mineur de quinze ans afin d'aligner la répression de la traite des êtres humains et du proxénétisme aggravé dans le cas d'un mineur de quinze ans. Toutefois, datant de février 2019, il y a peu de chance que cette proposition de loi aboutisse.

B. Un impossible cumul des circonstances aggravantes pour le proxénétisme

Pour réprimer de manière plus ou moins importante le proxénétisme, le législateur a joué des circonstances aggravantes, particulièrement celle de minorité (1), sans pour autant en prévoir un possible cumul (2).

1. Les circonstances aggravantes de minorité

L'utilisation de la circonstance aggravante de minorité par le législateur — Le droit pénal prend en compte la minorité de manière différente selon les incriminations. Il existe ainsi deux circonstances aggravantes : la minorité de quinze ans et la minorité (sous-entendu de dix-huit ans). Le législateur peut les utiliser dans des combinaisons variables. Parfois il utilise l'une ou l'autre à l'exclusion de toute autre circonstance, parfois aux côtés d'autres circonstances aggravantes. Ainsi, soit le législateur estime que toute personne peut être victime d'infraction, dans ce cas, la circonstance aggravante de minorité est aux côtés d'autres circonstances

300 Proposition de loi visant à lutter contre la prostitution des mineurs, préc.

aggravantes, soit la minorité est la seule circonstance aggravante prévue, les mineurs sont ainsi une catégorie particulière et unique de victime. Tout le monde ne peut ainsi pas être victime de cette infraction. Dans le cadre du proxénétisme, le législateur a fait le choix de mettre la minorité aux côtés d'autres circonstances aggravantes, ce qui signifie que toute personne peut être victime de proxénétisme. Souvent, le législateur choisit entre la circonstance aggravante de minorité et de minorité de quinze ans, mais pour le proxénétisme le législateur a opté pour une utilisation conjointe des deux circonstances aggravantes. Partant, il a incriminé spécifiquement le proxénétisme sur mineur de quinze ans[301] par la loi du 4 mars 2002. Cette distinction opérée par le législateur marque la garantie d'une protection assurée pour les plus jeunes[302].

D'une peine correctionnelle à une peine criminelle — À ce titre, l'article 225-7 du Code Pénal dresse une longue liste de circonstances aggravantes dont résultent soit des peines délictuelles, soit des peines criminelles. Le proxénétisme à l'égard d'un mineur de plus de quinze ans est puni de peines délictuelles, qui sont aussi celles applicables lorsque la victime présente une particulière vulnérabilité, et le proxénétisme à l'égard d'un mineur de moins de quinze ans est puni de peines criminelles. Il faut de plus noter que la circonstance aggravante de minorité n'est pas applicable en cas de proxénétisme hôtelier (v. *supra*).

2. Un impossible cumul

La multiplication des circonstances aggravantes — C'est d'abord avec la loi de 1946 que le mineur victime du proxénète devient protégé. D'autres circonstances aggravantes sont apparues progressivement : la pluralité de

---

301 C. pén., art. 225-7-1.

302 MIMOUNI (R.), *op. cit.*, p. 191.

victimes, la qualité de la victime, autre que mineure[303], la bande organisée[304]. Ainsi, toutes les formes de proxénétisme et les circonstances aggravantes paraissent applicables à la prostitution des mineurs. Néanmoins, le législateur ne prévoit pas d'aggravation de la répression en présence de pluralité de circonstances aggravantes. À titre de comparaison, pour le vol, l'article 311-4 du Code Pénal prévoit la possibilité d'aggraver la répression en tenant compte de deux ou trois circonstances aggravantes : « Les peines sont portées à sept ans d'emprisonnement et à 100 000 euros d'amende lorsque le vol est commis dans deux des circonstances prévues par le présent article. Elles sont portées à dix ans d'emprisonnement et à 150 000 euros d'amende lorsque le vol est commis dans trois de ces circonstances ». Il est donc difficile de suivre la logique du législateur qui prévoit des cumuls en matière d'atteintes aux biens et non en matière d'atteintes aux personnes.

Une mauvaise appréciation de la réalité par le législateur — La multiplication des circonstances aggravantes n'est pas adaptée à la prostitution des mineurs étant donné qu'il n'est pas possible de les cumuler. D'abord, quand l'auteur de l'infraction de proxénétisme est un ascendant légitime, naturel ou adoptif de la personne qui se prostitue ou une personne qui a autorité sur elle ou abuse de l'autorité que lui confèrent ses fonctions[305], il est soumis aux mêmes articles que la circonstance aggravante de minorité. La même problématique se retrouve en cas de pluralité de victimes, ce qui est généralement le cas pour les réseaux de prostitution de mineurs[306]. En pratique, rien n'interdit au juge de tenir compte de la pluralité des causes d'aggravation identifiées lors du prononcé de la peine au regard du principe de per-

303 C. pén., art. 225-7.

304 C. pén., art. 225-8.

305 C. pén., art. 227-7, al. 5.

306 MIMOUNI (R.), *op. cit.*, p. 181.

sonnalisation de la peine. Mais rien ne l'y oblige non plus. Il peut ainsi agir comme s'il se trouvait face à seulement l'une des circonstances aggravantes[307].

Conclusion de la section 1 — Les grandes différences entre la traite et le proxénétisme sont de trois ordres : d'abord, la prostitution est un préalable pour le proxénétisme et une finalité pour la traite. Ensuite, la minorité est un élément constitutif de la traite et une circonstance aggravante du proxénétisme. Enfin, la contrainte est la notion pivot de distinction entre les deux infractions : le proxénétisme nécessite, pour la plupart de ses formes, un assentiment de la personne prostituée, alors que la traite est exercée sous la contrainte. Pour terminer, la répression est la même pour les mineurs de dix-huit ans mais nécessite une harmonisation pour les mineurs de quinze ans.

Section 2. La problématique des concours de qualifications

Les concours de qualifications peuvent jouer entre la traite des êtres humains et la complicité de proxénétisme, le cumul étant même autorisé (§1), mais une autre infraction, dont la prostitution peut relever, entre en jeu et se trouve en concours avec la traite des êtres humains : le travail forcé (§2).

§1. Le proxénétisme et traite des êtres humains

Le premier concours possible est celui entre la traite des êtres humains et la complicité de proxénétisme (A). Mais, dans une optique de bonne répression, il est possible de cumuler les deux qualifications (B).

---

[307] *Ibid.*

A. Le concours proxénétisme et traite

Distinction entre concours réel et concours idéal — Avant tout, il faut distinguer le concours réel du concours idéal. Quand deux infractions se succèdent sans condamnation définitive entre les deux, on parle de concours réel. Pour ce qui nous concerne ici, la question du concours idéal se pose quand un seul et même acte répond à deux qualifications pénales possibles.

Le concours idéal de qualifications — La Commission Nationale Consultative des Droits de l'Homme relève que l'infraction de traite des êtres humains soulève un conflit de qualifications avec celle de proxénétisme, dont elle apparaît, dans certaines hypothèses, comme une redondance. Il faut rappeler que l'article 225-5, alinéas 1er, 3°, du Code Pénal punit le fait d'embaucher, d'entraîner ou de détourner une personne en vue de la prostitution ou d'exercer sur elle des pressions pour qu'elle se prostitue ou continue à le faire, sans clairement préciser si ces actes doivent être réalisés par la personne qui exploite directement celle prostituée. Si les comportements incriminés sont réalisés par un intermédiaire, le chevauchement avec l'infraction de traite est patent. Il en est de même de l'incrimination spécifique du comportement du proxénète faisant office d'intermédiaire[308], qui tombe également sous le coup de l'infraction de traite des êtres humains. Ainsi, la liste des infractions figurant à l'alinéa 6 de l'article 225-4-1 du Code Pénal portant sur la traite des êtres humains est une porte largement ouverte sur les conflits de qualifications. Aussi, la remise effective de la personne pour que soit commise une infraction sur elle pourrait être saisie sous l'angle de la complicité, dès lors qu'il existe un fait principal punissable, lequel en revanche n'est pas nécessaire à la constitution de l'infraction de traite en raison de sa nature

[308] Commission Nationale Consultative des Droits de l'Homme, *La lutte contre la traite et l'exploitation des êtres humains*, 2015, p. 70.

formelle[309]. À titre d'exemple, recruter une personne pour qu'un tiers commette à son égard des actes de proxénétisme relève de la complicité de proxénétisme[310]. Les « passeurs » qui contribuent à faire entrer en France des personnes dont ils savent qu'elles seront livrées par la contrainte à la prostitution peuvent être poursuivis sur le fondement des textes qui répriment la complicité de proxénétisme[311]. De même, relève du proxénétisme, exercé en qualité d'intermédiaire, le fait de recruter quelqu'un pour le fournir à un tiers afin qu'il commette sur lui une agression ou une atteinte sexuelle[312]. Ainsi, recruter, transporter, transférer, héberger ou accueillir une personne pour la mettre à la disposition d'un « client », donc pour qu'elle puisse se prostituer, est constitutif de l'infraction de proxénétisme[313].

Traite des êtres humains et complicité de proxénétisme — Cette hypothèse est donc celle du concours idéal de qualifications entre traite des êtres humains et complicité de proxénétisme. Conformément aux règles ordinaires de qualification, le fait doit être retenu sous sa plus haute expression pénale. Or, les peines encourues, y compris par le jeu de circonstances aggravantes (minorité, vulnérabilité, violences, torture, etc.), sont strictement identiques[314]. Relevons que, pour prendre une décision quant au choix de la qualification, les peines principales étant les mêmes, le juge peut se fonder sur les peines complémentaires pour choisir la qualification. Aussi, il choisira l'infraction où les peines complémentaires sont les plus graves et restrictives de droit. Toutefois, là encore les peines complémentaires sont stric-

---

309 LEPAGE (A.) et MATSOPOULOU (H.), *op. cit.*, p. 224.

310 *Ibid.*

311 PY (B.), art. préc.

312 RASSAT (M.-L.), *Droit pénal spécial*, *op. cit.*

313 PY (B.), art. préc.

314 *Ibid.*

tement les mêmes car prévues par les mêmes articles[315]. Elles vont de l'interdiction de droits civiques, civils et de famille à l'interdiction de séjour en passant par des confiscations, stage de sensibilisation à la lutte contre l'achat d'actes sexuels[316] ou encore des fermetures d'établissement pour les personnes morales. Dans ce type de situation, au regard de la gravité, au moins symbolique, des comportements en cause, il convient de choisir en priorité la qualification de traite des êtres humains, qui démontre la notion de contrainte et d'exploitation de manière plus probante que le proxénétisme[317]. Néanmoins, pour éviter d'avoir à choisir entre la qualification de traite des êtres humains et proxénétisme, une circulaire de 2015[318] autorise le cumul des deux qualifications.

B. La possibilité de cumul

Le cumul de qualifications — Dans certains cas, les juridictions saisies ont pu considérer que les faits qualifiés de traite des êtres humains étaient compris dans les faits de proxénétisme et qu'il s'agissait de la même valeur sociale protégée (la protection de la dignité de la personne humaine). De même certaines juridictions et services d'enquêteurs privilégient traditionnellement, en matière d'exploitation sexuelle, les incriminations liées au proxénétisme à celles de traite des êtres humains. Elles semblent en effet d'un maniement plus simple et la qualification de traite des êtres humains apparaît comme une infraction concur-

---

315 C. pén., art. 225-20 et suivants.

316 C. pén., art. 225-20, 9°, introduit par la loi n° 2016-444 de lutte contre le système prostitutionnel et d'accompagnement des personnes prostituées.

317 Commission Nationale Consultative des Droits de l'Homme, *La lutte contre la traite et l'exploitation des êtres humains*, *op. cit.*, p. 70.

318 Circulaire du 22 janvier 2015 de politique pénale en matière de lutte contre la traite des êtres humains, NOR : JUSD1501974C.

rente alors même qu'elle est complémentaire[319]. Par exemple, dans une affaire dans laquelle l'association contre la prostitution des enfants était constituée partie civile, douze hommes ont été mis en examen et condamnés pour proxénétisme aggravé à l'encontre de plusieurs mineures. L'enquête a permis d'identifier 25 victimes, dont 17 mineures. Le réseau était très bien organisé : les jeunes filles étaient recrutées sur les réseaux sociaux, elles étaient hébergées au sein d'appartements qui servaient également à recevoir les clients. Les proxénètes géraient intégralement les jeunes filles. Dans un tel dossier, la qualification de traite semble pouvoir s'appliquer, à la place ou en complément de celle de proxénétisme. Toutefois, seule l'infraction de proxénétisme a été retenue[320]. Cependant, et à l'opposé, par jugement du 19 avril 2013, quinze personnes ont été condamnées par le Tribunal correctionnel de Lyon à des peines allant de 6 mois à 8 ans de prison, en visant notamment concomitamment les incriminations de proxénétisme aggravé et de traite des êtres humains. Ce cumul de qualifications a encore été retenu par la Cour d'appel de Paris dans un arrêt du 8 avril 2014.

Ainsi, la circulaire du 22 janvier 2015[321] entend favoriser le recours au cumul des qualifications de proxénétisme et de traite des êtres humains, en ce qu'elles doivent être vues comme complémentaires et permettent dès lors une meilleure répression[322]. Toutefois, la Commission Nationale Consultative des Droits de l'Homme a démontré que les dispositions relatives au proxénétisme demeurent en pratique privilégiées dès lors qu'elles s'avèrent moins exigeantes en termes d'appréhension et de preuve des comportements incriminés, qu'elles permettent de clore l'enquête ou

319 *Ibid.*

320 MELON (A.) et POULET (L.), *op. cit.*

321 Circulaire du 22 janvier 2015 de politique pénale en matière de lutte contre la traite des êtres humains, préc.

322 MELON (A.) et POULET (L.), *op. cit.*

l'instruction plus rapidement et qu'elles prévoient des sanctions identiques[323].

La question de la règle *non bis in idem* — Se pose un problème supplémentaire : depuis 2016, la Cour de cassation affirme au visa du seul principe *ne bis in idem*, que « les faits qui procèdent de manière indissociable d'une action unique caractérisée par une seule intention coupable ne peuvent donner lieu, contre le prévenu, à deux déclarations de culpabilité de nature pénale, fussent-elles concomitantes[324] ». Si, depuis lors, et dans différents domaines, la Cour de cassation a admis divers cumuls de qualifications[325], il reste ainsi à savoir ce que penserait la Chambre criminelle d'un cumul éventuel entre proxénétisme et traite des êtres humains. Un récent arrêt du 11 décembre 2019 paraît, à ce titre, constituer une première réponse favorable à la possibilité d'un tel cumul[326].

§2. Traite des êtres humains et travail forcé

Le deuxième concours possible est celui entre la traite des êtres humains et le travail forcé (B). Avant de voir le cumul, il faut s'attarder sur la reconnaissance de la prostitution en tant que travail forcé ou esclavage (A).

A. La prostitution comme forme de travail forcé et de réduction en esclavage

La Convention de l'Organisation Internationale du Travail de Genève du 17 juin 1999, relative aux pires formes de

---

323 Commission Nationale Consultative des Droits de l'Homme, *La lutte contre la traite et l'exploitation des êtres humains*, *op. cit.*, p. 70.

324 Cass. crim., 26 octobre 2016, n° 15-84.552 ; Cass. crim., 7 décembre 2016, n° 15-87.335.

325 Cass. crim., 16 avril 2019, n° 18-84.073 ; Cass. crim., 17 avril 2019, n° 18-83.025.

326 Cass. crim., 11 décembre 2019, n° 19-80.372.

travail des enfants, dispose dans son article 3 que « l'expression les pires formes de travail des enfants comprend » entres autres « l'utilisation, le recrutement ou l'offre d'un enfant à des fins de prostitution, de production de matériel pornographique ou de spectacles pornographiques[327] ». La question peut se poser de savoir si la prostitution des mineurs peut être considérée comme du travail forcé ou de l'esclavage et ainsi être contraire à l'article 4 de la Convention européenne des Droits de l'Homme qui interdit le travail forcé et l'esclavage. Cette problématique relève de l'effet horizontal de la Convention et non vertical. La diffusion horizontale de l'article 4 est récente puisqu'elle a été établie le 26 juillet 2005 par l'arrêt *Siliadin c. France*[328]. Cette forme de recours étant possible, il est alors envisageable pour une personne prostituée, s'estimant victime de travail forcé, de saisir la Cour européenne. Toutefois, pour qualifier la prostitution de travail forcé ou d'esclavage, encore faut-il que juridiquement cela soit possible. C'est ce qu'a retenu, à plusieurs reprises, la Cour EDH.

La reconnaissance partielle de la prostitution comme travail forcé et esclavage — La question de savoir si la prostitution, dans le cadre de traite des êtres humains, est une forme de travail forcé ou d'esclavage est récente. La Cour EDH s'est d'abord prononcée en 2016[329]. Dans cette affaire, une ressortissante nigérienne était astreinte à de la prostitution forcée en Grèce. Elle était reconnue victime de traite des êtres humains et soutenait le manquement de l'État à ses obligations découlant de l'article 4 de la CEDH relatif à l'interdiction du travail forcé et de l'esclavage. La Cour EDH a conclu à la violation de cet article, assimilant ainsi la prostitution forcée à une forme de travail forcé et d'esclavage. La

[327] Article 3 Convention (n° 182) sur les pires formes de travail des enfants, 1999.

[328] CEDH, *Siliadin c. France*, 26 juillet 2005, n° 73316/01.

[329] CEDH, *L. E. c. Grèce*, 21 janvier 2016, n° 71545/12.

même solution a été retenue par la Cour EDH récemment en 2018[330]. Il s'agissait d'une ressortissante croate se plaignant d'avoir été contrainte à se prostituer. La Cour EDH, tout en estimant inutile de qualifier la prostitution forcée comme esclavage, servitude ou travail forcé, a jugé que l'exploitation de la prostitution tombe sous le coup de l'article 4 de la Conv. EDH[331]. Cet arrêt marque un tournant. La Cour EDH n'appréhende pas la prostitution, en elle-même, comme un travail forcé ou de l'esclavage (la prostitution, même des mineurs, pouvant s'avérer volontaire, sans aucune forme de contrainte) mais estime que c'est l'exploitation de la prostitution qui revient à du travail forcé et à de l'esclavage. Partant, ce n'est qu'une reconnaissance partielle puisque qu'il devient alors possible de parler de travail forcé ou d'esclavage uniquement quand la personne prostituée est contrainte à le faire et qu'une autre personne en tire bénéfice, l'exploite. Ainsi, en l'absence de contrainte et d'exploitation, comme c'est le cas du proxénétisme, il n'est pas possible de retenir la qualification de travail forcé ou d'esclavage. Il faut démontrer la contrainte et l'exploitation, ce qui revient, en somme, à qualifier les agissements de traite des êtres humains à des fins de prostitution. Notons toutefois que cet arrêt a été renvoyé devant la Grande Chambre en décembre 2018. La requête étant pendante il faut attendre l'arrêt pour en tirer des conclusions définitives.

B. Le concours entre traite et travail forcé

Le concours idéal de qualifications — La reconnaissance de l'exploitation de la prostitution comme travail forcé et esclavage ouvre ainsi la voie des concours idéaux de qualifications. En effet, les qualifications de traite des êtres humains à des fins d'exploitation de la prostitution et de

---

[330] CEDH, *S. M. c. Croatie*,19 juillet 2018, n° 60561/14.

[331] SUDRE (F.), Interdiction de l'esclavage et du travail forcé – Condamnation de la prostitution, *JCP* 2018, 932.

travail forcé et d'esclavage se superposent les unes aux autres. Les infractions de traite des êtres humains et de travail forcé sont des infractions récentes ajoutées par le législateur sans prendre en compte le droit préexistant.

L'esclavage est incriminé à l'article 225-13 du Code Pénal comme « le fait d'obtenir d'une personne, dont la vulnérabilité ou l'état de dépendance sont apparents ou connus de l'auteur, la fourniture de services non rétribués ou en échange d'une rétribution manifestement sans rapport avec l'importance du travail accompli ». Le travail forcé, lui, est défini à l'article 225-14-1 du Code Pénal comme « le fait, par la violence ou la menace, de contraindre une personne à effectuer un travail sans rétribution ou en échange d'une rétribution manifestement sans rapport avec l'importance du travail accompli ». Ainsi, ces incriminations nouvelles se recoupent aussi elles-mêmes : le travail forcé peut être réprimé aussi au titre de l'exploitation d'une personne réduite en esclavage.

Partant, il en résulte des conflits de qualifications ardus. Ce problème de concours idéal de qualifications peut être résolu par le principe *specialia generalibus derogant* (ce que certains auteurs appellent parfois les qualifications alternatives). Selon ce principe, les règles spéciales dérogent aux règles générales. Par application de ce principe, il faudra retenir la qualification la plus spéciale étant la plus proche des faits reprochés. Ainsi, dans le cas de prostitution forcée de personnes (mineures ou majeures), il sera plus opportun de retenir la qualification de traite des êtres humains à des fins de prostitution que la qualification de travail forcé ou d'esclavage qui s'avère plus générale, ne s'appliquant pas uniquement à la prostitution forcée. Cette confusion législative peut s'expliquer par le fait que les États se doivent de transposer parfaitement les directives. C'est cette transposition parfaite qui alors aboutit à des doublons répressifs.

Conclusion de la section 2 — Une même personne peut se voir reprocher les infractions de traite des êtres humains, de proxénétisme ou travail forcé. La traite et le proxénétisme peuvent se cumuler contrairement à la traite et au travail forcé.

Conclusion du chapitre 1 — Avec toutes les qualifications existantes en matière de prostitution des mineurs, la France fait aujourd'hui partie des États les mieux dotés pour lutter contre la prostitution des mineurs[332]. Le proxénétisme et la traite font l'objet d'une répression sévère dans le cas de la minorité de la victime. D'une part, parce que le champ de l'incrimination permet de réprimer tous les comportements favorisant la prostitution d'autrui ; d'autre part parce que les peines applicables au proxénétisme sont variées et empreintes d'une grande sévérité[333].

Certaines incohérences législatives sont cependant à relever. En particulier, le droit positif contient des doublons. La contrainte n'étant pas à prouver en matière de traite sur mineur, la traite et le proxénétisme deviennent les mêmes infractions. Les mêmes doublons existent entre la traite et le travail forcé.

---

[332] MIMOUNI (R.), *op. cit.*, p. 171.

[333] GEOFFROY (G.), rapport préc.

Chapitre 2. La répression des clients de mineurs prostitués

Au regard de l'atteinte qu'il porte, tant à la dignité qu'à l'intégrité physique et morale du mineur, le client du mineur prostitué peut être puni. Comme on emploie volontiers, en matière de peines, les terminologies de peines principales et de peines complémentaires, on peut dire qu'il existe, similairement, des qualifications pénales principales applicables au client (Section 1), et d'autres qui, pouvant être mobilisées de façon plus ponctuelle, sont des qualifications pénales complémentaires (Section 2).

Section 1. Les qualifications pénales principales

L'étude de ces qualifications principales suppose de distinguer selon que la prostitution à laquelle prétend le client est une prostitution réelle ou virtuelle (internet). Dans le premier cas l'infraction principale est celle de recours à la prostitution du mineur (§1), dans le second cas, il s'agit des délits prévus par le Code Pénal en matière de pédopornographie (§2).

§1. Le client et la prostitution réelle : le délit de recours à la prostitution d'un mineur

Pour lutter contre la prostitution du mineur, le 4° de l'article 227-26 du Code Pénal ne réprimait, à l'origine, que les atteintes sexuelles commises contre rémunération sur un mineur de quinze ans. Le recours à la prostitution d'un mineur de quinze à dix-huit ans n'était pas punissable[334]. Il était alors certes possible d'envisager la qualification d'agression sexuelle ou de viol – mais sous couvert d'établir l'absence de consentement du mineur à la relation sexuelle. Ainsi, pour pallier ce problème, le législateur a incriminé, au sein des atteintes à la dignité de la personne humaine, le recours à la prostitution des mineurs. On se penchera, à ce titre, sur l'évolution historique de ce délit (A), puis sur ses principales caractéristiques (B).

A. L'évolution historique de l'infraction

L'infraction de recours à la prostitution a connu une évolution notable ces dernières années, tant sur le plan des comportements incriminés (1) que sur celui de sa pénalité (2).

1. L'évolution de l'incrimination

L'incrimination pour les mineurs — Longtemps, le législateur jugeait suffisant l'arsenal législatif existant. C'est en 1994 que la pénalisation du client trouvera sa première source. Désireux de mieux sanctionner les pratiques de consommation pédophile, l'article 15 de la loi du 1er février 1994[335] ajoute un quatrième alinéa à l'article 227-26 du Code Pénal. Il crée ainsi une nouvelle circonstance aggravante à la commission d'atteinte sexuelle sur mineur de quinze ans : « l'accompagnement du versement d'une rémunération[336] ». Partant, la loi du 1er février 1994[337], sans punir explicitement le client, organise la répression de toute personne qui ac-

---

334 SAMUEL (X.), Recours à la prostitution, *JurisClasseur Pénal Code*, décembre 2017.

335 Loi n° 94-89 du 1er février 1994 instituant une peine incompressible et relative au nouveau Code Pénal et à certaines dispositions de procédure pénale.

336 MIMOUNI (R.), *op. cit.*, p. 211.

337 Loi n° 94-89 du 1er février 1994, préc.

compagne du versement d'une rémunération une atteinte sexuelle sur mineur de quinze ans. Si la loi réprime le client, elle n'utilise à aucun moment l'expression de client d'enfant prostitué, ni même celle de prostitution. La loi se contente simplement de punir l'atteinte sexuelle sur mineur de quinze ans contre une rémunération[338]. On ne peut pas affirmer que la loi réprimait explicitement le client[339].

Dans les années 2000, la lutte contre l'exploitation sexuelle des enfants se poursuit. La loi du 4 mars 2002 relative à l'autorité parentale institue une incrimination pénale spécifique de recours à la prostitution des mineurs permettant de sanctionner les clients de mineurs prostitués, quel que soit l'âge de ces derniers. Jusqu'alors, seul le recours à la prostitution des mineurs de moins de quinze ans était pénalement sanctionné[340]. Il apparaît donc que l'innovation majeure de la loi de 2002 relative à l'autorité parentale consiste à incriminer le comportement du client de la personne mineure prostituée. Dès lors, l'article 225-12-1 du Code Pénal, dans sa version première disposa, que « Le fait de solliciter, d'accepter ou d'obtenir, en échange d'une rémunération ou d'une promesse de rémunération, des relations de nature sexuelle de la part d'un mineur qui se livre à la prostitution, y compris de façon occasionnelle, est puni de trois ans d'emprisonnement et 45000 euros d'amende »[341]. Dans les articles suivants, le législateur énonce les circonstances aggravantes, toujours en lien avec la minorité de la personne prostituée comme « lorsque l'infraction est commise de fa-

338 C. pén., art. 227-26, dans sa version en vigueur du 1er mars 1994 au 5 février 1995 : « L'infraction définie à l'article 227-25 est punie de cinq ans d'emprisonnement et de 500 000 F d'amende : … Lorsqu'elle s'accompagne du versement d'une rémunération ».

339 MIMOUNI (R.), *op. cit.*, p. 205.

340 Proposition de loi relative à l'autorité parentale.

341 C. pén., art. 225-12-1, dans sa version en vigueur du 5 mars 2002 au 19 mars 2003.

çon habituelle ou à l'égard de plusieurs mineurs[342]». Plus aucune distinction entre mineur de quinze ou dix-huit ans n'existe, ni le fondement de l'atteinte sexuelle.

L'extension de l'incrimination — Une première extension de l'incrimination trouvera son fondement dans une loi de 2003[343]. Monsieur N. Sarkozy, en tant que Ministre de l'Intérieur, propose la modification de l'article 225-12-1 en l'appliquant non plus aux seuls mineurs mais également aux personnes vulnérables. En conséquence de quoi deux infractions autonomes coexistent : d'une part le recours à la prostitution de mineurs et d'autre part le recours à la prostitution de personnes particulièrement vulnérables. Une dernière extension aura lieu avec la loi du 13 avril 2016 visant à renforcer la lutte contre le système prostitutionnel et à accompagner les personnes prostituées[344]. La nouvelle loi ajoute deux articles en matière de recours à la prostitution : une contravention de cinquième classe en cas de recours unique à la prostitution d'une personne majeure c'est-à-dire hors état de récidive[345], et un second en cas de récidive. Ce deuxième article devient l'alinéa premier de l'article prévoyant le recours pour les mineurs[346]. Quant au recours à la prostitution de personnes mineures, il se retrouve relayé en 2° de l'article. On retient de cette loi que c'est l'achat de tout acte sexuel qui se trouve désormais incriminé[347].

2. L'évolution de la répression

---

[342] C. pén., art. 225-12-2.

[343] Loi n° 2003-239 du 18 mars 2003, préc.

[344] Loi n° 2016-444 du 13 avril 2016, préc.

[345] C. pén., art. 611-1.

[346] C. pén., art. 225-12-1.

[347] SAMUEL (X.), art. préc.

D'une répression autonome à une répression aggravée — Le délit de recours à la prostitution d'une personne mineure est aujourd'hui puni par l'article 225-12-1 du Code Pénal d'une peine de trois ans d'emprisonnement et 45 000€ d'amende. La répression est donc aggravée lorsque la victime est mineure, par rapport au recours à la prostitution du majeur qui est une contravention de 5e classe. Cette différence de répression entre le mineur et le majeur est également symbolique au regard de la vulnérabilité du mineur. Initialement, la minorité (prévue par la loi de 2002) et la vulnérabilité (prévue par la loi de 2003) étaient des éléments constitutifs de l'infraction de recours à la prostitution de personnes mineures ou vulnérables et la minorité de quinze ans était une circonstance aggravante portant la répression à sept ans d'emprisonnement et 100 000€ d'amende. Avec la loi de 2016, la condition de minorité et la circonstance de minorité de quinze ans, ont été, toutes deux érigées en circonstance aggravante et non plus en élément constitutif. En 2016, la minorité de dix-huit ans étant devenue une circonstance aggravante, le législateur fait jouer deux circonstances aggravantes qui s'articulent entre elles. La minorité est une circonstance aggravante classique qui se retrouve dans la plupart des infractions à caractère sexuel[348]. Partant, l'infraction de recours à la prostitution des mineurs ne pourra être constituée qu'en présence d'une personne mineure. En son absence, il s'agira du délit général de recours à la prostitution. Toutefois le Code Pénal ne prévoit pas de peine plus lourde par un cumul de circonstances aggravantes. Par exemple, Il se peut que le délit soit commis avec trois circonstances aggravantes telles que le recours à la prostitution d'un mineur de quinze ans, *via* des réseaux de télécommunication et à plusieurs reprises : les circonstances aggravantes ne se cumulent pas, il n'est alors pas possible d'augmenter le quantum de la répression.

---

348 *Ibid.*

Proposition législative — Dans une récente proposition de loi visant à lutter contre la prostitution des mineurs[349], il a été proposé d'aligner les peines du recours à la prostitution sur celles d'atteinte sexuelle sur mineurs. Considérant que le délit d'atteinte sexuelle sur un mineur de quinze ans est puni de sept ans d'emprisonnement, il apparaît légitime de relever les peines prévues pour les infractions de recours à la prostitution de mineurs. Dans l'article 2, il est proposé de passer la peine pour le recours à la prostitution de mineur de quinze à dix-huit ans de trois à cinq ans d'emprisonnement et de 45 000 € à 75 000 € d'amende. De plus dans ce même article 2, il est proposé de passer la peine pour le recours à la prostitution de mineur de quinze ans de sept à dix ans d'emprisonnement et de 100 000 € à 150 000 € d'amende. Cela permettrait l'alignement du recours à la prostitution du mineur à l'atteinte sexuelle. Cette proposition datant de février 2019, il n'y a toutefois que peu de chance qu'elle ait une suite favorable.

B. Les principales caractéristiques de l'incrimination

L'infraction de recours à la prostitution est une infraction empruntant des caractéristiques classiques du droit pénal (1), tout en ayant ses propres particularités (2).

1. Une infraction classique du droit pénal

Une infraction formelle — Le délit de recours à la prostitution est un délit qui, dans sa définition de l'acte matériel, tend à se rapprocher de l'infraction de corruption et de trafic d'influence. Ainsi, proche de ces derniers, l'acte matériel s'entend de la sollicitation, de l'acceptation et de l'obtention de relation de nature sexuelle (un acte de sa fonction pour le trafic d'influence ou la corruption) en échange

---

349 Proposition de loi visant à lutter contre la prostitution des mineurs, préc.

d'une rémunération, d'une promesse de rémunération ou tout autre avantage (en échange d'offre promesse, avantages… pour le trafic d'influence et la corruption). Ainsi, en alignant le délit de recours à la prostitution sur le délit de corruption et de trafic d'influence, le législateur fait de la première une infraction formelle qui ne nécessite pas de résultat. Le simple fait de solliciter ou d'agréer, sans pour autant obtenir l'acte sexuel, suffit à qualifier l'infraction de recours à la prostitution (ce qui peut peut-être expliquer la différence de répression avec l'atteinte sexuelle – v. *supra*). Ainsi, le Tribunal correctionnel de Paris a jugé que l'infraction n'exige, pour être constituée, « pas d'autre élément que la simple sollicitation de relations sexuelles contre une promesse de rémunération, sans versement effectif de somme d'argent, sans même commencement d'un attouchement ou d'un rapprochement de nature sexuelle[350] ». Cela permet ainsi de distinguer la prostitution de l'amour librement consenti qui doit rester hors du champ de l'incrimination. Ne sont donc pas punissables les agissements d'une personne qui établit avec un mineur une relation sexuelle à laquelle celui-ci consent librement et en dehors de toute rémunération[351], contrairement à ce qui est prévu pour les mineurs de quinze ans[352].

En outre, « le délit ne suppose pas la commission d'une atteinte sexuelle, et donc d'une relation, d'un attouchement ou d'un rapprochement sexuel consommé, contrairement à ce qu'exige le délit d'atteinte sexuelle. De plus, une promesse de rémunération suffit, alors que l'article 227-26 exigeait le versement d'une rémunération[353] ».

---

350 T. corr. Paris, 15e ch., 6 septembre 2004, confirmé par CA Paris, 13e ch., sect. B, 4 février 2005.

351 SAMUEL (X.), art. préc.

352 Délit d'atteinte sexuelle.

353 Circulaire de la Direction des affaires criminelles et des grâces : Crim. 2002-09 e8/24-04-2002 NOR : jusd0230073c.

Une infraction intentionnelle — Dans l'incrimination de recours à la prostitution d'une personne mineure, l'élément intentionnel est de deux ordres : le client doit avoir connaissance du fait que la personne se prostitue et qu'elle est mineure. Ainsi, le premier élément peut être qualifié de dol général, étant donné que l'infraction générale de recours à la prostitution ne nécessite pas d'autre intention que celle de savoir que la personne se prostitue, alors que le deuxième élément peut être qualifié de dol spécial puisqu'en plus de savoir qu'il a recours à une personne qui se prostitue, le client doit savoir que la personne est mineure. Si uniquement le premier dol peut être établi, dans ce cas, il ne se sera pas possible d'appliquer la qualification de recours à la prostitution d'une personne mineure mais seulement le délit général de recours à la prostitution. Partant, pour éviter une condamnation ou obtenir une peine plus clémente, les clients auront tendance à soulever l'erreur de fait en expliquant qu'ils ne connaissaient pas l'état de minorité de la victime.

À propos d'un cas de détournement de mineur mais dont la solution est transposable ici, la Chambre criminelle a jugé que « lorsque l'agent aura pu raisonnablement se tromper sur l'âge de la personne détournée et croire qu'elle était majeure de dix-huit ans, il n'y a pas de délit[354] ». Mais, *a contrario*, « doit être écarté l'argument selon lequel le prévenu ne connaissait pas l'âge de la victime dès lors qu'il avait déjà eu des relations sexuelles avec elle, contre rémunération, à trois ou quatre reprises et qu'il n'était pas possible d'ignorer cet état de fait, qui ressort à l'évidence de l'apparence physique de la jeune fille prostituée[355] ». Cette position a été confirmée par la Cour de cassation qui, estimant que l'élément intentionnel de l'infraction était caractérisé, a jugé que « le prévenu n'a pu se méprendre sur l'âge de la victime[356] ». Dans le même sens,

---

354 Cass. crim., 6 novembre 1963, *Bull. crim.*, n° 311.

355 CA Paris, 4 février 2005, Juris-Data n° 2005-279952.

356 Cass. crim., 29 mars 2006, n° 05-81.003.

« le visage imberbe d'un jeune homme qui se prostitue est incompatible avec la croyance du client en sa majorité[357] ». De plus, le simple fait que la personne allègue que le mineur prostitué lui a affirmé être majeur ne paraît évidemment pas pouvoir, sauf circonstance particulière (comme le fait de montrer des documents d'identité falsifiés), être considéré comme un motif raisonnable d'erreur[358].

Enfin, à l'occasion de l'examen d'une question prioritaire de constitutionnalité, la Cour de cassation a jugé que le délit de recours à la prostitution d'une personne mineure n'instaurait pas une présomption de culpabilité[359], étant donné que la preuve que le client ne connaissait pas l'état de minorité de la victime devait être rapportée par l'accusation. Si la preuve n'est pas rapportée que le client connaissait l'état de minorité de la victime ou si de fait cela ne pouvait pas se déduire des habitudes ou de l'apparence physique, alors le délit de recours à la prostitution d'une personne mineure ne pourra pas être constitué. Seul sera retenu le délit général (s'il y a récidive) ou la contravention de recours à la prostitution.

2. Une infraction ayant ses propres caractéristiques

L'indifférence quant à l'âge de l'auteur — Le législateur n'a pas pris en considération l'âge de l'auteur de l'infraction. Ainsi, les mineurs comme les majeurs peuvent être responsables pénalement. R. Badinter avait proposé dans un amendement qui a été retiré, de modifier la rédaction de l'article d'incrimination du recours à la prostitution en commençant par « Le fait pour un majeur de solliciter… ». Néanmoins, cet amendement tend à limiter aux majeurs la pénalisation du recours à la prostitution d'un mineur. La pénalisation de relations sexuelles que serait

[357] CA Paris, 6 novembre 2003, Juris-Data n° 2003-231908.

[358] Circulaire de la Direction des affaires criminelles et des grâces : Crim. 2002-09 e8/24-04-2002 NOR : jusd0230073c.

[359] Cass. crim., 21 août 2013, n° 13-90.021.

susceptible d'avoir un mineur de 15 à 18 ans avec un mineur ou une mineure du même âge se livrant à la prostitution n'est pas justifiable par les mêmes considérations que pour un adulte[360]. Il avait alors proposé que les relations sexuelles rémunérées avec un mineur de quinze ans ne devaient pas relever du délit de recours à la prostitution mais du délit d'agression sexuelle actuellement réprimé de dix ans d'emprisonnement[361]. Partant, le délit peut être reproché non seulement à un majeur mais également à un mineur (contrairement au délit d'atteinte sexuelle, qui ne peut être commis que par un majeur)[362]. Le fait que le client d'un prostitué mineur soit lui-même mineur n'a en effet pas paru justifier une cause d'irresponsabilité pénale, compte tenu de la situation de victime qui est celle du mineur prostitué, quel que soit l'âge de la personne qui a recours à ses services[363]. La circulaire donnant des directives d'application de ce délit explique qu'« il demeure, comme cela a été indiqué au cours des débats parlementaires que, dans les cas où les faits auront été commis par un mineur, notamment à l'égard d'un mineur du même âge, le Parquet devra apprécier avec une particulière attention, au vu des circonstances de l'espèce et de la personnalité des intéressés, la suite à réserver à la procédure. Il lui appartiendra notamment d'estimer s'il est opportun de mettre en mouvement l'action publique ou s'il convient de procéder à une procédure alternative aux poursuites, celle-ci pouvant dans certains cas paraître suffisante pour faire prendre conscience à l'auteur des faits de leur caractère illicite[364] ».

---

360 Examen des amendements par le Sénat le 13 février 2002.

361 *Ibid.*

362 Circulaire de la Direction des affaires criminelles et des grâces : Crim. 2002-09 e8/24 04-2002 NOR : jusd0230073c.

363 *Ibid.*

364 *Ibid.*

L'indifférence quant au consentement du mineur — Le législateur est indifférent à l'éventuel consentement du mineur qui se prostitue. En pratique, l'auteur d'un recours à la prostitution ne pourra pas faire jouer le fait que le mineur se prostitue volontairement. C'est une logique répressive qui n'a rien à voir avec celle des agressions sexuelles et des atteintes sexuelles qui reposent sur l'âge et le consentement du mineur. Partant, pour qualifier le délit de recours à la prostitution, il ne doit pas y avoir de contrainte, auquel cas, on bascule sur la qualification d'agression sexuelle. En effet, concernant ces dernières, si aucune référence n'est faite quant à l'auteur, le pivot de cette infraction est la notion de contrainte. Pour que l'agression sexuelle soit retenue, il faut nécessairement que le mineur soit sous la contrainte. Il n'est pas possible de consentir à une agression sexuelle. Là réside la différence avec le délit de recours à la prostitution des mineurs. Dans ce dernier, le mineur n'est jamais contraint à « subir » le délit, au contraire, il est consentant. C'est ainsi que la Cour de cassation, en présence d'une contrainte, quelle qu'elle soit, retiendra le délit d'agression sexuelle sur mineur plutôt que le délit de recours à la prostitution de mineur, même en présence de rémunération[365].

La prostitution comme élément préalable — Ce nouvel article ne sanctionne pas toute relation de nature sexuelle avec un mineur qui donnerait lieu à une rémunération ou une promesse de rémunération, seuls étant réprimés les comportements qui interviennent dans le cadre d'une relation de prostitution[366]. Pour que le délit soit constitué, les nouvelles dispositions exigent à la fois l'existence d'une rémunération ou d'une promesse de rémunération, et le fait que le mineur se livre à la prostitution, y compris de façon

---

[365] Cass. crim., 4 septembre 2019, n° 18-84.334.

[366] Circulaire de la Direction des affaires criminelles et des grâces : Crim. 2002-09 e8/24-04-2002 NOR : jusd0230073c.

occasionnelle[367], et ce, quelle que soit la nature de la rémunération. Aussi, le délit n'est pas constitué quand un mineur se voit remettre par son partenaire un cadeau ou d'autres avantages. De même, le délit ne se trouve pas applicable dès lors que cette relation n'est en rien la contrepartie d'une rémunération ou d'une promesse de rémunération. Toutefois, si cette personne est majeure et qu'il s'agit d'un mineur de quinze ans, le délit d'atteinte sexuelle est évidemment constitué[368].

§2. Le client et la prostitution virtuelle : les délits en matière de pédopornographie

Aujourd'hui beaucoup de mineurs sont prostitués sur internet. S'il n'est pas possible de retenir le délit de recours à la prostitution de mineur, ni celui d'agression sexuelle, il est possible de punir les auteurs pour pédopornographie. Malgré l'éloignement *a priori* des notions de pédopornographie et de prostitution, un réel lien existe (A), amenant alors à se questionner sur les différentes qualifications pénales qui leur sont applicables (B).

A. Les rapports entre la prostitution et la pornographie

Pour comprendre les rapports entre les deux notions (1), il faut prioritairement comprendre la notion même de pédopornographie (2).

1. Définition de la pédopornographie

Définition doctrinale — L'Encyclopédie *Universalis* définit la pornographie comme des actes qui « visent moins la

---

367 *Ibid.*

368 *Ibid.*

sexualité que le discours qui se tient sur elle, l'image qui la représente ». C'est ainsi l'image ou la représentation de la personne humaine dans des situations obscènes qui sont visées et non l'acte sexuel en lui-même. Partant, la pédopornographie est la même chose mais concernant les images ou les représentations des enfants. La pédopornographie est donc une seconde forme d'utilisation par les clients de la prostitution du mineur à travers des images, vidéos... En effet, « internet est très vite devenu un outil idéal pour ceux qui souhaitent garder l'anonymat, échanger des informations et des images, ou encore rencontrer des victimes potentielles ou d'autres adeptes des pratiques pédopornographiques »[369].

Définition du Conseil Européen — La pédopornographie étant devenue une préoccupation européenne, une décision-cadre en a donné une définition : « il s'agit de tout matériel pornographique représentant de manière visuelle soit un enfant réel participant à un comportement sexuellement explicite ou s'y livrant, y compris l'exhibition lascive des parties génitales ou de la région pubienne d'un enfant ; soit une personne réelle qui paraît être un enfant participant ou se livrant au comportement visé précédemment ; soit enfin, des images réalistes d'un enfant qui n'existe pas participant ou se livrant au comportement visé précédemment[370] ».

Définition légale — Enfin, en France, le législateur a défini la pédopornographie comme « l'image ou la représentation d'un mineur lorsque cette image ou cette représentation présente un caractère pornographique »[371] à l'article 227-23 du Code Pénal permettant la répression de différentes infractions (v. *infra*).

---

369 CHOPIN (F.), Cybercriminalité – Systèmes et réseaux numériques, supports de l'infraction, *Rép. pén.*, janvier 2020.

370 N° 2004/68/JAI du Conseil, JO UE, n° L 13, 20 janvier.

371 LEPAGE (A.) et MATSOPOULOU (H.), *op. cit.*, p. 324.

2. Les rapports entre les deux notions

La pornographie comme forme de prostitution — Un sociologue estime que la pornographie est indissociable de la prostitution, il va même plus loin en affirmant que la pornographie est intrinsèquement prostitutionnelle[372]. Il estime que la pornographie ne se réduit évidemment pas à des actes uniquement prostitutionnels, elle la fonde[373]. La pornographie représente alors une forme de prostitution. Prenons l'exemple parlant des *cam-girls* : les *cam-girls* sont des personnes qui proposent à des clients des actes sexuels par *webcam* interposée. Dans ce cas particulier, il y a bien la condition de rémunération entre la personne prostituée et le client mais pas le contact physique de quelque nature qu'il soit entre les deux. Dans ce cas précis, la personne qui paye, le client, ne peut pas être punie sous l'angle du recours à la prostitution car elle ne peut obtenir, comme l'indique l'article 225-12-1, une « relation de nature sexuelle » nécessitant un contact. Partant, la seule possibilité de répression est l'incrimination de pédopornographie. Toutefois, cette infraction ne tend à s'appliquer qu'en présence d'un mineur. Une directive a harmonisé dans toute l'Union Européenne les infractions pénales relatives aux abus sexuels commis contre des enfants, à l'exploitation sexuelle des enfants ainsi qu'à la pédopornographie[374]. Cela permet donc d'incriminer des pratiques indissociables de la prostitution des personnes mineures. En conséquence, le législateur a prévu différentes infractions pour réprimer diverses formes de pédopornographie.

---

372 PERSEIL (S.), La pornographie, du proxénétisme à l'échelle industrielle, *Revue Prostitution et Société*, juillet 2017.

373 *Ibid.*

374 Directive n° 2011/92/UE du Parlement européen et du Conseil du 13 décembre 2011 relative à la lutte contre les abus sexuels et l'exploitation sexuelle des enfants.

B. Les qualifications pénales applicables

Le Code Pénal protège le mineur face aux moyens de communication électronique en sanctionnant différents comportements (2), dont le but est le même pour chacun d'entre eux (1).

1. Le but commun des différentes infractions

La représentation du mineur — Ces infractions sont liées par un but commun, qui est la volonté de lutter contre les réseaux de pornographie impliquant des mineurs[375]. Sur fond de lutte contre une forme de prostitution, la *ratio legis* de l'infraction étant la lutte contre la pédophilie, il ne s'agit pas de protéger les droits du mineur à son image. Ainsi la possibilité d'identifier une personne réelle n'est pas une nécessité. L'infraction peut porter sur une simple représentation d'un mineur, comme un dessin représentant un mineur purement fictif[376]. L'infraction peut alors être constituée alors même qu'un mineur n'aurait pas été victime d'atteintes sexuelles. Toutefois, l'infraction ne sera pas constituée quand le prévenu pourra établir que le (prétendu) mineur figurant sur l'image est en réalité un majeur[377].

Le caractère pornographique de la représentation — C'est également le caractère pornographique qui est incriminé ici. Dans ce cas, il ne s'agit pas de représenter une scène érotique ou de la simple nudité, mais des scènes de sexe non simulées. C'est cette formation qui désigne la pornographie. On peut considérer que des photographies de nus d'enfants n'entrent pas dans la définition de la pornographie, du moment que rien ne s'y ajoute. Ce qui n'est pas le cas de photographie d'enfants, certains très jeunes, ou de très jeunes adolescents, très ou totalement dénudés, dont plu-

---

375 RASSAT (M.-L.), *op. cit.*, p. 789.

376 Cass. crim., 12 septembre 2007, n° 06-86.763.

377 LEPAGE (A.) et MATSOPOULOU (H.), *op. cit.*, p. 326.

sieurs touchent ou exhibent leur sexes[378]. Les États-Unis vont même plus loin puisque le 2 juillet 1982[379], la Cour Suprême a interdit la pédopornographie même si elle n'est pas jugée obscène.

Ainsi, le but de la répression de la pédophilie est la crainte d'un potentiel passage à l'acte, à savoir un viol ou une agression sexuelle sur mineurs, ou un recours à la prostitution.

2. Les infractions de pédopornographie

Création des infractions — Lors de l'examen de la loi de 2002, Madame Christine Lazerges proposa un amendement modifiant l'article 227-23 initial afin « d'incriminer la détention d'une image ou d'une représentation d'un mineur présentant un caractère pornographique. L'objet de l'amendement était de mettre en conformité le droit français avec le protocole facultatif à la Convention internationale des droits de l'enfant concernant la vente d'enfant, la prostitution des enfants et la pornographie mettant en scène des enfants »[380]. Elle ajouta que si « la détention d'une image pornographique peut actuellement être sanctionnée par l'intermédiaire de l'infraction de recel », il est nécessaire « de faire d'une telle détention une infraction à part entière »[381]. Depuis, plusieurs infractions coexistent.

Les infractions — L'article 227-23 du Code Pénal prévoit plusieurs dispositions relatives à la pédopornographie : le fait de fixer, enregistrer ou transmettre, en vue de sa diffusion, l'image ou la représentation d'un mineur à caractère

---

378 *Ibid.*, p. 326.

379 *New-York vs Ferber* (458 US 747).

380 BETEILLE (L.), *Rapport fait au nom de la Commission des lois*, n° 209, Sénat, 6 février 2002.

381 *Ibid.*

pornographique[382] ; le fait de diffuser l'image ou la représentation d'un mineur à caractère pornographique[383] ; le fait de détenir l'image ou la représentation d'un mineur à caractère pornographique ; et le fait de consulter habituellement un service de communication au public en ligne mettant à disposition l'image ou la représentation d'un mineur à caractère pornographique. Cette dernière infraction est une infraction d'habitude, car la consultation d'images pédopornographiques n'est réprimée que si l'intéressé a visité au moins deux fois un site présentant de telles images. Toutefois, cette condition d'habitude n'est plus exigée en cas de paiement pour accéder aux images aux vidéos. Dans les deux cas, en tout état de cause, l'idée est de ne pas incriminer une simple curiosité, mais de punir seulement quand est avérée une vraie intention d'accéder à des contenus illégaux.

Le cumul des qualifications — Il n'est pas rare que les comportements visés à l'article 227-23 du Code Pénal se cumulent entre eux sur la tête d'un unique auteur. Par exemple, en 2018[384], une personne a été condamnée pour détention, importation, enregistrement de l'image à caractère pornographique d'un mineur et consultation habituelle d'un site pédophile. Plus de 100 connexions ont été établies depuis un serveur en Asie pour l'échange de fichiers pornographiques et consultation habituelle de sites pédophiles. Il est alors possible de retenir toutes les infractions.

Conclusion de la section 1 — En matière de prostitution des mineurs, l'infraction incontournable à l'encontre des clients est celle du recours à la prostitution. Néanmoins, elle ne s'applique qu'à la prostitution « classique ». Le droit reconnaît de plus en plus la prostitution « virtuelle ». Il prévoit donc, pour la plupart des infractions, notamment le recours

---

382 C. pén., art. 227-23.

383 C. pén., art. 227-23, al. 3 et 5.

384 Cass. crim., 5 septembre 2018, n° 17-86.464.

à la prostitution, la circonstance aggravante de commission de l'infraction au moyen des systèmes et réseaux. En revanche, le législateur ne reconnaît pas la possibilité de qualification de recours à la prostitution en cas de prostitution « virtuelle ». Pour les mineurs uniquement, le législateur prévoit alors les infractions spécifiques de pédopornographie.

Section 2. Les qualifications pénales complémentaires

Les qualifications pénales complémentaires sont de deux ordres que l'on peut identifier de manière chronologique. D'une part, le législateur condamne les agressions sexuelles (au sens large) commises au cours de l'exercice de la prostitution (§1), et, d'autre part, dans un but plus protecteur des mineurs, le législateur incrimine des actes avant même que le mineur ne se prostitue. Il a donc élargi la répression aux mineurs susceptibles de se prostituer (§2).

§1. Les qualifications pénales d'agressions sexuelles

Les abus sexuels les plus graves, comme le viol ou l'agression sexuelle, peuvent trouver à s'appliquer en matière de prostitution de mineur. Leur application peut même s'avérer utile, car leur répression est plus importante que celle prévue pour le recours à la prostitution du mineur. Deux hypothèses d'application ou non de ces infractions seront à étudier (B) même si *a priori* ces applications ne semblent pas envisageables (A).

A. Une impossible application *a priori*

Pour comprendre les raisons pour lesquelles les infractions d'agressions sexuelles ne sont, *a priori*, pas applicables (2), il faut s'attarder sur leurs éléments constitutifs (1).

1. Les infractions de viol et d'agression sexuelle

Les agressions sexuelles — Les agressions sexuelles sont définies à l'article 222-22 du Code Pénal comme toute atteinte sexuelle commise avec violence, contrainte, menace ou surprise. Elles se caractérisent principalement par des attouchements, caresses des parties considérées comme étant à connotation sexuelle. La minorité est ici une circonstance aggravante. Ainsi, l'infraction commise sur un mineur n'est pas susceptible d'être à son tour aggravée. La solution s'explique probablement par la volonté de ne pas passer à une qualification criminelle mais elle n'en demeure pas moins choquante.

Le viol — Le viol est une forme d'agression sexuelle grave. Les mêmes conditions que les agressions sexuelles sont nécessaires. Mais, à la différence de ces dernières, le viol nécessite un acte de pénétration (article 222-23 du Code Pénal). Dans ce cas aussi la minorité est une circonstance aggravante.

2. Une initiale inapplicabilité

La balance contrainte/consentement — Les agressions sexuelles exigent l'usage de la contrainte, de la menace ou de la surprise. Or, quand une personne donne son consentement à une relation sexuelle, comme dans le cas de prostitution, la contrainte s'efface. De plus, il s'entend également que cette contrainte émane de l'auteur de l'infraction[385]. Un arrêt de la Chambre criminelle a même rappelé que les agressions sexuelles supposaient « l'usage par leur auteur de violence, contrainte, menace ou surprise[386] ». Or, la supposée contrainte dont sont victimes les mineurs prostitués provient d'éléments extérieurs à la personne ou aux comportements du client. Celui-ci profite de l'état de

---

[385] MIMOUNI (R.), *op. cit.*, p. 119.

[386] Cass. crim., 21 octobre 1998, *Bull. crim.*, n° 274.

vulnérabilité du mineur mais n'est pas la cause de cet état[387]. En effet, dans le cas de la prostitution de mineur, la contrainte n'émane pas de l'auteur mais plutôt du proxénète qui le contraint à se prostituer ou de la situation socio-économique du mineur. Les mineurs prostitués se retrouvent dans l'obligation de vendre leur corps et leur sexe soit parce qu'ils sont contraints par une autre personne (le proxénète), soit parce qu'ils y sont forcés par leur milieu culturel ou socio-économique, la prostitution représentant alors pour eux la seule solution de survie[388]. Partant, les infractions de viol ou d'agression sexuelle sont difficilement applicables en matière de prostitution. De plus, même si la prostitution ne nécessite pas forcément une pénétration sexuelle pour être caractérisée, en réalité c'est bien souvent le cas. Pour cette raison, il faudrait écarter l'infraction d'agression sexuelle au profit de celle du viol.

Une impossible applicabilité en raison de la présence d'une rémunération — En vertu du principe de légalité posé par l'article 111-3 du Code Pénal, c'est toujours la bonne qualification qui doit être donnée aux faits. Ainsi, en présence de rémunération contre un acte sexuel, sur le plan juridique, la qualification de viol ne peut être retenue car elle ne correspond pas exactement aux faits en cause. Toutefois, à défaut d'une qualification plus adéquate, c'est encore le viol qui correspond le mieux[389]. En effet, avant que l'incrimination de recours à la prostitution existe, il n'y avait pas d'autre qualification que celle de viol. Pour ne pas laisser impuni un client, la Cour de cassation retenait l'infraction de viol. Une Cour d'assises en a d'ailleurs jugé ainsi dans l'affaire *Chemouil* relative à un cas de tourisme sexuel enfantin en Thaïlande : elle a retenu à l'encontre de l'accusé, coupable d'avoir payé une enfant de onze ans pour qu'elle lui fasse

---

387 MIMOUNI (R.), *op. cit.*, p. 119.

388 *Ibid.*, p. 118.

389 *Ibid.*, p. 121.

une fellation, le crime de viol aggravé et l'a condamné à sept ans d'emprisonnement[390]. Cette solution date de 2000, à cette époque la qualification de viol était la seule possible étant donné que celle de recours à la prostitution de personnes mineures n'existait pas, ni même l'infraction de traite de êtres humains, et le délit d'atteinte sexuelle contre rémunération ne s'appliquait pas aux faits. Toutefois, aujourd'hui, on pourrait se demander si l'application du viol serait possible.

B. Les possibilités d'application *in fine*

Il faut distinguer deux hypothèses résultant de la jurisprudence et de cas d'espèce. D'une part, l'hypothèse d'un impossible cumul des qualifications, où il faudra choisir une qualification unique (1), et d'autre part, l'hypothèse d'un possible cumul des qualifications (2).

1. L'hypothèse d'un impossible cumul

Depuis la jurisprudence de 2016[391], il n'est pas possible de cumuler les qualifications pénales découlant d'une action unique caractérisée par une seule intention coupable. Ainsi, une qualification pouvant en exclure une autre, il faudra alors choisir la qualification applicable : soit le recours à la prostitution du mineur, soit les agressions sexuelles.

L'appréciation particulière pour les mineurs — C'est à la suite de l'affaire *Pontoise*, où un agresseur d'une fillette de onze ans avait été condamné pour atteinte sexuelle et non viol au motif qu'il n'y avait pas de contrainte car elle était consentante à cette relation sexuelle avec un adulte, que la notion de contrainte a été débattue à l'Assemblée Nationale. Cette affaire a « suscité un débat sur la portée du consentement de la victime quand une différence d'âge importante

---

390 *Ibid.*

391 Cass. crim., 26 octobre 2016 et 7 décembre 2016, préc.

entre celle-ci et son agresseur permet de présupposer l'existence d'une contrainte »[392]. L'ancienne rédaction de l'article 222-22-1 du Code Pénal laissait « à penser que, pour que la contrainte morale soit constituée, il faut prouver la différence d'âge existant entre une victime mineure et l'auteur des faits ainsi que l'autorité de droit ou de fait que celui-ci exerce sur la victime[393] ». Il a donc été souhaitable de rédiger cet article de façon « à prévoir que la contrainte morale peut résulter de la différence d'âge entre la victime et son agresseur ou de l'autorité de droit ou de fait que celui-ci peut exercer sur elle, et non pas du cumul de ces deux critères[394] ». Désormais, la contrainte morale, même dans le cas où le mineur se prostitue, peut écarter le consentement. Il sera possible de retenir l'agression sexuelle ou le viol à défaut de celui de recours à la prostitution de mineurs.

Un arrêt parlant a été rendu récemment, en septembre 2019[395]. Il s'agissait d'un mineur âgé de quatorze ans qui avait reçu, en raison de son jeune âge et de sa vulnérabilité économique et sociale, de l'argent pour avoir des rapports sexuels avec un majeur. Il avait accepté. De prime abord, le mineur était ainsi consentant à se prostituer avec ce client. Le délit de recours à la prostitution de mineur aurait pu être retenu. Néanmoins, la Cour de cassation, a estimé que la contrainte pouvait résulter « des conditions d'existence de la victime au moment des faits ». La contrainte résulte ici du fait qu'au regard de sa situation économique, de sa vulnérabilité, et de la grande différence d'âge entre les deux protagonistes, le mineur a accepté sans comprendre la portée de son acte. La Cour de cassation a retenu le délit d'agression sexuelle plutôt que celui de recours à la prostitu-

---

[392] BILLON (A.) ET AUTRES, *Rapport d'information fait au nom de la délégation aux droits des femmes*, n° 574, Sénat, 14 juin 2018.

[393] *Ibid.*

[394] *Ibid.*

[395] Cass. crim., 4 septembre 2019, n° 18-84.334.

tion d'un mineur car les faits ont été commis sous une forme de contrainte. Ainsi, a été privilégiée une qualification par rapport à l'autre, sans les cumuler. Dans ces situations, où le client verse une rémunération pensant alors avoir tous les droits sur la personne prostituée, il peut outrepasser ce à quoi celle-ci avait consenti. En réponse, la Chambre criminelle semble choisir de ne retenir qu'une qualification, bien que deux soient adaptées aux faits. Néanmoins, on peut se poser la question du possible cumul de différentes qualifications.

2. L'hypothèse d'un possible cumul

La jurisprudence de 2016 — La jurisprudence de 2016 interdit le cumul de qualifications quand les faits procèdent de manière indissociable d'une action unique caractérisée par une seule intention coupable[396] . Néanmoins, en présence de deux intentions coupables ou de deux actions, le cumul semble être possible. Par exemple, un client qui répond à une proposition prostitutionnelle et qui outrepasse le consentement commet deux actions : celle de consentir à une relation sexuelle prostitutionnelle avec un mineur, et celle consistant à avoir une relation sexuelle allant plus loin que prévu. Il y a bien deux actions pour deux intentions : celle de recourir à la prostitution et celle d'abuser sexuellement de la personne prostituée. Dans ce cas de figure, il semble être possible de retenir les deux qualifications. D'autant plus que les valeurs sociales protégées ne sont pas les mêmes : l'atteinte à la dignité pour le recours à la prostitution et l'atteinte à l'intégrité pour les agressions sexuelles.

La jurisprudence de 2019 — Cette possibilité de cumul a été admise en matière de faux et d'escroquerie par deux arrêts de 2019[397]. La Chambre criminelle a retenu que lors-

---

[396] Cass. crim., 26 octobre 2016, préc.

[397] Cass. crim., 16 avril 2019 et 17 avril 2019, préc.

que les faits sont dissociables et que les différentes qualifications reposent sur des faits distincts, rien ne s'oppose au cumul[398]. Rien ne semble alors faire obstacle à la transposition de cette décision au cumul entre recours à la prostitution des mineurs et agression sexuelle. Néanmoins, aucun arrêt sur des faits précis comme ceux-là n'a encore été rendu. Il faudra donc attendre des décisions pour voir si la Chambre criminelle accepte ce cumul, plutôt que de choisir une unique qualification pénale.

§2. Les autres qualifications pénales en matière de mise en péril du mineur

D'autres infractions de mise en péril des mineurs peuvent trouver à s'appliquer. Cela suppose une approche chronologique de la prostitution. On observe une restriction d'application des qualifications quand le mineur est déjà prostitué (A), et, paradoxalement, une extension d'application avant que le mineur ne soit prostitué (B).

A. Les restrictions d'application aux mineurs prostitués

Les qualifications d'atteintes sexuelles (1), de corruption (2) et de *grooming* (3) ne trouvent pas d'utilité à être appliquées aux mineurs qui se prostituent.

1. Les atteintes sexuelles

Les atteintes sexuelles — L'atteinte sexuelle est incriminée aux articles 227-25[399] et suivants du Code Pénal. Tout acte sexuel sur mineurs de moins de quinze ans est puni en

---

398 FUCINI (S.) Principe *ne bis in idem* et cumul de qualifications : régression de la protection ?, *Dalloz actualité*, 16 mai 2019.

399 C. pén., art. 227-25 : « Hors le cas de viol ou de toute autre agression sexuelle, le fait, par un majeur, d'exercer une atteinte sexuelle sur un mineur de quinze ans est puni de sept ans d'emprisonnement et de 100 000 € d'amende ».

l'absence même de violence contrainte ou menace. Il existe toutefois une distinction entre les mineurs de plus et de moins de quinze ans. L'atteinte sexuelle sur un mineur de quinze ans est toujours punie. Ce qui signifie qu'une personne mineure de quinze ans ne peut pas avoir de relation sexuelle avec une personne majeure. En revanche, pour les mineurs entre quinze et dix-huit ans, en vertu de l'article 227-27 du Code Pénal, l'atteinte sexuelle est incriminée uniquement en présence de circonstances telles que l'abus d'autorité. Le fait prostitutionnel était une circonstance aggravante avant la loi de 2002[400]. En effet, dans sa version originelle, l'article 227-26 du Code Pénal prévoyait l'aggravation de la peine lorsque l'atteinte sexuelle s'accompagnait du versement d'une rémunération (il faut comprendre : lorsque l'atteinte sexuelle était commise dans le cadre d'une activité de prostitution). Cette circonstance aggravante n'existe toutefois plus aujourd'hui. De plus, cette circonstance aggravante n'a jamais existé pour l'atteinte sexuelle sur mineur de quinze à dix-huit ans. La question peut alors se poser de savoir si l'infraction d'atteinte sexuelle, sur mineur de quinze ans, reste encore applicable à des faits de prostitution sur mineur.

L'inutile application de l'atteinte sexuelle — *A priori*, cette infraction pourrait trouver à s'appliquer, tout autant que celle de recours à la prostitution d'un mineur, puisque dans les deux cas la contrainte n'est pas un élément nécessaire à la caractérisation de l'infraction. En effet, pour les deux infractions, le mineur est consentant à la relation sexuelle. Toutefois, plusieurs arguments tendent à écarter cette infraction au profit de celle de recours à la prostitution d'un mineur. Premièrement, la circonstance aggravante de prostitution n'existant plus, il devient difficile de trouver un lien entre la prostitution et l'atteinte sexuelle. La prostitution n'est pas un préalable à l'infraction, alors qu'elle l'est pour le

---

400 Loi n° 2002-305 du 4 mars 2002, préc.

recours à la prostitution du mineur. Cela reviendrait à poser le postulat selon lequel que toute personne qui recourt à la prostitution d'un mineur de quinze ans se rend également coupable du délit d'atteinte sexuelle. On se retrouverait alors, une fois de plus, dans un cas de concours idéal de qualifications et en présence d'un doublon législatif qui ne serait toutefois applicable qu'en présence d'un mineur de quinze ans, l'atteinte sexuelle n'étant pas possible pour les mineurs de plus de quinze ans. Ainsi, dans un but de répression accrue et de lutte contre la prostitution des mineurs, il est plus judicieux de retenir la qualification de recours à la prostitution d'un mineur que celle d'atteinte sexuelle, qui assure une répression, peu importe l'âge de la victime mineure. Enfin, le juge pourrait ne pas tenir compte de la présence de la rémunération, mais dans un but d'application stricte de la loi pénale, l'infraction qui correspond le mieux aux faits reste celle de recours à la prostitution d'un mineur.

2. La corruption

L'infraction — Cette infraction est incriminée à l'article 227-22 du Code Pénal. C'est le « fait de favoriser ou de tenter de favoriser la corruption d'un mineur ». Ainsi, peut être qualifié de corruption de mineurs « le fait d'organiser des réunions comportant des exhibitions ou des relations sexuelles auxquelles un mineur assiste ou participe[401] ». C'est cet aspect de la corruption de mineur qui nourrit la jurisprudence dans ce domaine. À titre d'exemple, la corruption de mineur a été retenue dans le fait pour une femme de se livrer à des actes obscènes en présence d'une jeune fille de quinze ans, cette attitude ayant eu pour résultat de conduire cette adolescente à la prostitution[402]. Il en va de même de la re-

---

401 C. pén., art. 227-22, al. 2.

402 Cass. crim., 16 janvier 947, *Bull. crim.*, n° 23.

mise à un enfant de onze ans d'un ouvrage sur les différentes positions sexuelles[403].

L'inutile application du délit de corruption aux clients — Bien que l'infraction nécessite la présence de mineurs et d'actes sexuels, le mineur n'est pas forcément l'objet, mais simplement le spectateur. En outre, l'existence d'une rémunération n'est pas nécessaire pour qualifier l'infraction alors même que c'est ce qui va caractériser la relation client/mineur prostitué. La Cour de cassation a même précisé que la présence d'une rémunération ne permet pas de qualifier l'infraction de corruption de mineurs[404]. La haute juridiction a ainsi déclaré que « le fait de faire dévêtir une femme pour la photographier ne saurait être considéré comme une occasion de débauche et déboucher sur une condamnation pour outrage ou incitation de mineur à la débauche[405] ». Ainsi, la difficulté de distinguer le recours à la prostitution d'un mineur et la corruption de mineur réside dans le sens qu'il convient de donner à l'article 225-12-1 du Code Pénal réprimant le recours. La rédaction de l'article 225-12-1 du Code Pénal laisse penser que, pour que le délit de recours à la prostitution soit constitué, il faut que le mineur soit déjà en situation de prostitution. La prostitution est alors une condition préalable de l'infraction[406]. Enfin, la corruption de mineur ne peut pas être retenue quand elle vise à satisfaire ses propres passions ou besoin sexuels. Elle doit en effet tendre à la perversion des passions d'autrui[407], alors que le recours à la prostitution ne joue que pour satisfaire ses

---

403 Cass. crim., 12 septembre 2007 n° 06-88.530.

404 MIMOUNI (R.), *op. cit.*, p. 103.

405 Cass. crim., 11 décembre 1952, *Bull. crim.*, n° 300.

406 RASSAT (M.-L.) Fait de favoriser la corruption d'un mineur, *JurisClasseur Pénal Code*, 2008.

407 MIMOUNI (R.), *op. cit.*, p. 104.

propres plaisirs. Notons que le délit de corruption n'est pas non plus le délit applicable face à celui de proxénétisme[408].

3. Le *grooming*

L'infraction — Incriminé à l'article 227-22-1 du Code Pénal, il s'agit du « fait pour un majeur de faire des propositions sexuelles à un mineur de quinze ans ou à une personne se présentant comme telle en utilisant un moyen de communication électronique ». Typiquement, c'est une pratique par laquelle un adulte, dissimulant généralement son identité en se faisant passer pour un mineur, va faire des propositions sexuelles *via* internet, ou encore par le biais de SMS, à un mineur.

L'inutile application du délit de proposition sexuelle à un mineur — Là encore, la prostitution peut devenir une fin mais en aucun cas elle n'est une condition préalable du délit. De plus ce délit ne concernerait que la prostitution « virtuelle » et non la prostitution « classique », étant précisé que l'utilisation d'un moyen de communication électronique est un élément constitutif de l'infraction. Enfin, cette qualification ne peut être retenue que pour les mineurs de moins de quinze ans ou se présentant comme tels. Ainsi, cette qualification réduit le champ d'application en matière de prostitution des mineurs.

---

408 La corruption peut tendre à se rapprocher du proxénétisme. L'intermédiaire de corruption est même un véritable proxénète. Quand un proxénète embauche ou entraine une personne à se prostituer, il ne fait ni plus ni moins que de la corruption. La corruption tout comme le proxénétisme par embauche ont tous deux le même but : corrompre le mineur afin qu'il se prostitue. Néanmoins, dans les situations de prostitution de mineurs, il est préférable de choisir la qualification de proxénétisme plutôt que celle de corruption de mineur étant donné que la minorité est une circonstance aggravante du proxénétisme, alors que le fait prostitutionnel n'est pas une circonstance aggravante de la corruption de mineur. Ainsi, en choisissant la qualification de proxénétisme plutôt que de corruption de mineur, l'intermédiaire sera plus largement puni. Il en est ainsi de l'admission de mineurs dans des maisons de prostitution, qui est aujourd'hui le délit de tolérance à la prostitution.

B. L'extension aux mineurs non encore prostitués

L'idée de la possibilité de retenir la corruption de mineurs ou le *grooming* commis sur des mineurs non encore prostitués permet d'accroître leur protection en réprimant des comportements qui pourraient les pousser dans la prostitution. Il s'agit, par les incriminations de corruption de mineur ou de propositions sexuelles à mineurs de quinze ans, de prévenir des comportements plus graves comme l'atteinte sexuelle, ou le recours à la prostitution d'un mineur.

La possible application de la corruption de mineurs — La prostitution n'est pas un élément préalable à la corruption. En revanche, elle peut en devenir une finalité, d'où la possibilité d'appliquer le délit de corruption de mineurs en amont de la prostitution. Cela se déduit de la définition de la corruption. Malgré une définition manquant de clarté, la Cour de cassation a précisé que « le délit de corruption, lequel reprend les éléments constitutifs de l'ancien délit d'excitation de mineur à la débauche, incrimine les agissements, qui par leur nature, traduisent de la part de leur auteur, la volonté de pervertir la sexualité d'un mineur »[409]. Partant, le délit de corruption de mineur n'est pénalement punissable que si l'auteur des faits a eu en vue la perversion de la jeunesse et non pas seulement la satisfaction de ses propres passions[410]. Pervertir la sexualité des mineurs peut entraîner une future prostitution. Aussi, réprimer les faits en amont de la prostitution, permet d'éviter ces pratiques, et de prévenir d'autres infractions plus graves.

La possible application des propositions sexuelles faites à un mineur de quinze ans — Cette infraction, introduite dans le Code Pénal en 2007[411], a pour but de protéger la moralité des mineurs de quinze ans, pour éviter

---

[409] Cass. crim., 20 février 2013, *Dr. pén.* 2013, Comm. 86.

[410] Cass. crim., 7 mars 2018, n° 17-81.729.

[411] Loi n° 2007-297 du 5 mars 2007, préc.

des infractions plus graves à leur encontre, et potentiellement de les faire tomber dans des travers tels que la prostitution. C'est en réprimant de façon autonome la simple prise de contact et en dissuadant les adultes d'entreprendre de telles démarches, que le législateur entend prévenir, entre autres, la prostitution des mineurs. Néanmoins, cette infraction ne nécessite pas, contrairement à la corruption, la volonté de pervertir le mineur, mais implique l'utilisation de réseaux de télécommunication. Ainsi, le législateur vise toutes les possibilités de perversion de la jeunesse au travers de ces deux infractions, en permettant de réprimer des comportements potentiellement pré-prostitutionnels.

Conclusion de la section 2 — Dans un but toujours plus protecteur des mineurs prostitués, d'autres infractions de droit commun leur sont applicables : tant les agressions sexuelles que les infractions de mise en péril des mineurs. Reste néanmoins la question à laquelle la jurisprudence n'a que très peu répondu : la possibilité de cumul des infractions. Le législateur va même plus loin en faisant le choix d'incriminer des actes pré-prostitutionnels.

Conclusion du chapitre 2 — Le législateur a pris en compte tous les cas de figure en incriminant des actes tant de prostitution « classique » que « virtuelle ». Néanmoins, la jurisprudence étant pauvre en matière de prostitution des mineurs, il est difficile de savoir comment elle articule les infractions entre elles. Il reste à espérer que la jurisprudence s'enrichira, pour permettre une meilleure représentation de la répression des clients de mineurs.

Conclusion de la partie 2 — La France bénéficie d'un large dispositif de lutte contre la prostitution des mineurs en incriminant à la fois les exploitants et les clients. Le choix d'un double système, clément pour la personne prostituée et sévère pour celui qui l'exploite (le proxénète ou le client) peut se comprendre dans le but humanitaire de ne pas accabler davantage la personne prostituée[412]. Malgré le fait que certaines de ces infractions soient parfois difficilement applicables, la répression reste sévère au regard de la gravité des faits et de l'importance des valeurs protégées.

---

[412] RASSAT (M.-L.) Proxénétisme et infractions qui en résultent, préc.

Conclusion

La législation pénale en matière de prostitution des mineurs tourne autour de deux axes principaux : d'une part la protection des mineurs et d'autre part la répression des auteurs.

Protection des mineurs — Le mineur qui se prostitue ne peut pas être tenu pour auteur d'une quelconque infraction, la prostitution n'étant elle-même pas incriminée, et l'infraction de racolage ayant été abrogée en 2016. Le législateur a décidé de considérer le mineur comme une victime. Le mineur est regardé ainsi sous l'angle de la vulnérabilité due à son âge, ce qui fait qu'il n'est pas capable de consentir à la prostitution et souvent victime d'une forme de contrainte. Cette reconnaissance permet alors de pouvoir appliquer des réponses pénales adaptées telles que des dérogations quant à la compétence internationale de la loi pénale française ou le signalement de la situation qui, en matière de prostitution des mineurs, est obligatoire, le législateur ayant prévu cette obligation tout en la combinant avec le secret professionnel.

Répression des auteurs — Le législateur a prévu soit des infractions spécifiques en matière de prostitution des mineurs soit des circonstances aggravantes de minorité, tout en tenant compte de deux éléments : d'une part la mondialisation de la prostitution et d'autre part l'essor de la prostitution virtuelle. En outre, la répression est adaptée, notamment avec la possibilité du cumul d'infractions spécifiques telles que le proxénétisme ou la traite des êtres humains. En revanche, la jurisprudence ne s'est encore jamais positionnée sur le possible concours entre le recours à la prostitution des mineurs et les infractions classiques des atteintes sexuelles au sens large. Il semble néanmoins que le législateur sanctionne les actes pré-prostitutionnels (corruption, *grooming*).

Ainsi, la question de la prostitution des mineurs amène à une réflexion plus large. Nous l'avons vu, l'article 225-12-1 du Code Pénal[413] fait la distinction entre la personne mineure et la personne particulièrement vulnérable. Le législateur n'a alors pas assimilé le mineur à une personne vulnérable. En matière de recours à la prostitution, il s'agit de deux catégories juridiques différentes, sinon, le législateur aurait ajouté le jeune âge comme forme de vulnérabilité. C'est le choix qu'il a fait en matière d'abus de faiblesse[414] : la particulière vulnérabilité peut résulter de l'âge de la victime. Il apparaît alors que cette notion de vulnérabilité, manquant de définition et de clarté, revêt un aspect polymorphe, derrière lequel se cachent tant des considérations objectives que des considérations subjectives dont il semble que la minorité ne fasse pas toujours partie.

---

413 Recours à la prostitution d'un mineur ou d'une personne particulièrement vulnérable.

414 C. pén., art. 223-15-2.

Index

Bibliographie

Ouvrages généraux

BONFILS (P.) et GOUTTENOIRE (A.), *Droit des mineurs*, Dalloz, 2e édition, 2014.

CONTE (P.), *Droit pénal spécial*, LexisNexis, 6e éd., 2019.

DREYER (E.), *Droit pénal général*, Litec, 2010.

DREYER (E.), *Droit pénal spécial*, Ellipses, 3e éd., 2016.

LEPAGE (A.) et MATSOPOULOU (H.), *Droit pénal spécial*, PUF, 2015.

MALABAT (V.), *Droit pénal spécial, Dalloz*, coll. Hypercours, 6e éd., 2013.

PRADEL (J.), *Droit pénal général*, Cujas, 20e éd., 2014.

RASSAT (M.-L.), *Droit pénal spécial*, Dalloz, 8e éd., 2018.

Ouvrages spéciaux

BORRILLO (D.), *Disposer de son corps : un droit encore à conquérir*, Textuel, coll. Petite encyclopédie critique, 2019

BORRILLO (D.), *Le droit des sexualités*, PUF, 2009.

MELON (A.) et POULET (L.), *Exploitation des mineurs en France*, ACPE, 2018.

MUNTARBHORN (V.), *Lois pénales extraterritoriales contre l'exploitation sexuelles des enfants*, UNICEF, 1999.

NADEAU (J.-G.), *La prostitution, une affaire de sens. Étude de pratiques sociales et pastorales, Montréal*, Fides, Coll. Héritage et projet, 1987.

POULAIN (R.), *Les enfants prostitués. L'exploitation sexuelle des enfants*, IMAGO, 2007.

ROSENCZVEIG (J.-P.), *Les droits de l'enfant pour les nuls*, first édition, 2019.

Thèses

MIMOUNI (R.), *Prostitution enfantine et droit pénal*, Paris 1, 2003.

OUVRARD (L.), *La prostitution. Analyse juridique et choix de politique criminelle*, L'Harmattan, 2000.

Dictionnaires

CORNU (G.) (dir.), *Vocabulaire juridique*, PUF, 7e éd., 2005.

Dictionnaire de la langue française Larousse.

DUFOUR-GONPRES (R.), *Dictionnaire de la violence et du crime*, Eres, 1991.

Le nouveau petit Robert de la langue française.

LOPEZ (G.), TZITZIS (S.) (dir.), *Dictionnaire des sciences criminelles*, Dalloz, 2004.

Articles (y compris les articles au sein d'ouvrages collectifs ou d'encyclopédies), notes, observations, chroniques, etc...

AMAR (J.), Traite des êtres humains, *JurisClasseur Pénal Code*, juin 2014.

CHOPIN (F.), Cybercriminalité – Systèmes et réseaux numériques, supports de l'infraction, *Rép. pén.*, janvier 2020.

CLAVAGNIER (B.), Le signalement : une obligation d'abord citoyenne, *Juris associations,* 2008, n° 374.

CONTE (P.), Agression sexuelle – Notion de contrainte, *Dr. pén.* 2019, Comm. 179.

CORNELOUP (S.) et ZOLLS (A.), « L'étranger prostitué en droit français : une protection en demi-teinte », *RDSS* 2019, p. 85.

CUTAJAR (C.), La protection du mineur dans la loi du 4 mars 2002, *AJ Famille*, 2002, p. 135.

DANTI-JUAN (M.), Ordre de la loi, *Rép. pén.*, janvier 2019.

DARSONVILLE (A.), Traite des êtres humains, *Rép. pén.*, janvier 2017.

BLANCHARD (V.), Les filles « perdues » sont-elles amendables ? Les mineures prostituées devant le tribunal de la Seine dans les années 1950, *Le temps de l'histoire. Revue d'histoire de l'enfance « irrégulière »*, n° 10, 2008, p. 35.

FABRE-MAGNAN (M.), « Consentir à se mettre à disposition d'autrui n'est pas la liberté », *Revue prostitution et société du Mouvement du Nid*, janvier 2019.

FUCINI (S.), Principe *ne bis in idem* et cumul de qualifications : régression de la protection ? *Dalloz actualité*, 16 mai 2019.

GOUTTENOIRE (A.), Enfance, *Rép. pén.*, octobre 2016.

KORDA (R.) « Sur le trottoir, il faut payer sa place » : le récit de Grâce, prostituée à 10 ans à Paris, *Le Parisien,* 27 novembre 2019.

LE DEVEDEC (B.), Les infractions sexuelles sont-elles encore prescriptibles ?, *village-justice.com*, avril 2019.

MAGENDIE (J.-C.), Les évènements de Moirans, la loi pénale et la « *soft law* », *Polemia*, 31 octobre 2015.

MARON (A.), C'est la prostituée qui fait le proxénète, *Dr. pén.* 1990, n° 2, chron. 1.

MAYAUD (Y.), Le droit pénal spécial de la dénonciation, *AJ Pénal*, 2020, p. 8.

MAYAUD (Y.), Pour une autre définition de la prostitution, *Rev. sc. crim.* 1996, p. 854.

MELON (A.), Réseaux parallèles, *L'école des parents* 2018/1, n° 626, p. 53.

PARIZOT (R.), La prostitution, une infraction sans texte, *Rev. sc. crim.* 2016, p. 373.

PERSEIL (S.), La pornographie, du proxénétisme à l'échelle industrielle, *Revue Prostitution et Société*, juillet 2017.

PY (B.), Prostitution – Proxénétisme – Racolage, *Rép. pén.*, mai 2006.

RASSAT (M.-L.), Fait de favoriser la corruption d'un mineur, *JurisClasseur Pénal Code*, 2008.

RASSAT (M.-L.), Proxénétisme et infractions qui en résultent, *JurisClasseur Pénal Code*, 2012.

RAYMOND (G.) et BRUGGEMAN (M.), Assistance éducative, *Répertoire de droit civil*, février 2020.

SAENKO (L.), La présomption de non-consentement des mineurs victimes d'agressions sexuelles : le retour ? *D.* 2020, p. 528.

SAMUEL (X.), Recours à la prostitution, *JurisClasseur Pénal Code*, décembre 2017.

SOURD (A.), Mesurer la traite des êtres humains, *AJ pénal* 2019, p. 516.

SUDRE (F.), Interdiction de l'esclavage et du travail forcé - Condamnation de la prostitution, *JCP* 2018, 932.

THIBIERGE (C.), Le droit souple, *RTD civ.* 2003, p. 599.

VÉRON (M.), Prostitution effective et prostitution envisagée, *Dr. pén.* 2000, Comm. 44.

Rapports parlementaires

BILLON (A.) ET AUTRES, *Rapport d'information fait au nom de la délégation aux droits des femmes*, n° 574, Sénat, 14 juin 2018.

CARRERE (M). ET AUTRES, *Rapport sur l'obligation de signalement par les professionnels astreints à un secret des violences commises sur les mineurs*, n° 304, Sénat, 5 février 2020.

COURTOIS (J.-P.), *Rapport fait au nom de la commission des lois*, n° 36, Sénat, 30 octobre 2002.

DOLEZ (M.), *Rapport fait au nom de la commission des lois sur la proposition de loi relative à l'autorité parentale*, n° 3435, Assemblée Nationale, 5 décembre 2001.

GEOFFROY (G.), *Rapport d'information par la commission des lois constitutionnelles, de la législation et de l'administration générale de la République, en conclusion des travaux d'une mission d'information sur la prostitution en France*, n° 3334, Assemblée Nationale, 13 avril 2011.

Haute Autorité de la Santé, *Rapport sur l'état de santé des personnes en situation de prostitution et des travailleurs du sexe et identification des facteurs de vulnérabilité sanitaire*, janvier 2016.

KALTENBACH (P.), *Rapport fait au nom de la Commission des lois*, n° 549, Sénat, 21 mai 2014.

KLES (V.), *Rapport fait au nom de la Commission des lois*, n° 439, Sénat, 20 mars 2013.

LARDEUX (A.), *Rapport fait au nom de la Commission des affaires sociales*, n° 393, Sénat, 14 juin 2006.

MEUNIER (M.), *Rapport fait au nom de la commission spéciale sur la proposition de loi renforçant la lutte contre le système prostitutionnel*, n° 697, Sénat, 8 juillet 2014.

OLIVIER (M.), *Rapport fait au nom de la commission spéciale sur la proposition de loi renforçant la lutte contre le système prostitutionnel*, n° 1558, Assemblée Nationale, 19 novembre 2013.

Rapport du Gouvernement relatif à l'évolution de la situation des personnes prostituées, 2010.

Jurisprudence

Cour de cassation

Cass. civ., 19 novembre 1912, *DP* 1913. 1. 353.

Cass. crim., 16 janvier 1947, *Bull. crim.*, n° 23.

Cass. crim., 11 décembre 1952, *Bull. crim.*, n° 300.

Cass. crim., 22 juillet 1959, *D.* 1959, p. 491.

Cass. crim., 6 novembre 1963, *Bull. crim.*, n° 311.

Cass. crim., 27 mars 1996, n° 95-82.016.

Cass. crim., 17 septembre 1997, n° 97-83.617.

Cass. crim., 21 octobre 1998, *Bull. crim.*, n° 274.

Cass. crim., 22 septembre 1999, n° 98-85.612.

Cass. crim., 25 octobre 2000, n° 00-80.829.

Cass. crim., 29 mars 2006, n° 05-81.003.

Cass. crim., 12 septembre 2007, n° 06-88.530.

Cass. crim., 20 février 2013, *Dr. pén.* 2013. Comm. 86.

Cass. crim., 21 août 2013, n° 13-90.021.

Cass. crim., 23 octobre 2013, n° 12-80.793.

Cass. crim., 26 octobre 2016, n° 15-84.552

Cass. crim., 7 décembre 2016, n° 15-87.335.

Cass. crim., 7 mars 2018, n° 17-81.729.

Cass. crim., 5 septembre 2018, n° 17-86.464.

Cass. crim., 16 avril 2019, n° 18-84.073.

Cass. crim., 17 avril 2019, n° 18-83.025.

Cass. crim., 4 septembre 2019, n° 18-84.334.

Cass. crim., 11 décembre 2019, n° 19-80.372.

Conseil constitutionnel

Cons. const., 27 juill. 1994, n° 94-343/344 DC

Cons. const.,1er févr. 2019, n° 2018-761 QPC.

Juridictions du fond

CA Paris, 3 janvier 1952, *Rev. sc. crim.* 1952, p. 453.

T. corr. Thionville, 8 mars 1977, *JCP* 1978. II. 18796.

CA Paris, 6 novembre 2003, Juris-Data n° 2003-231908.

CA Paris, 13e ch., sect. B, 4 février 2005, Juris-Data n° 2005-279952.

Cour européenne des Droits de l'Homme

CEDH, *Pretty c. Royaume-Uni*, 29 avril 2002, n° 2346/02.

CEDH, *Siliadin c. France*, 26 juillet 2005, n° 73316/01.

CEDH, *Tremblay c. France*, 11 septembre 2007, n° 37194/02.

CEDH, *L. E. c. Grèce*, 21 janvier 2016, n° 71545/12.

CEDH, *S. M. c. Croatie*, 19 juillet 2018, n° 60561/14.

Cour de justice des communautés européennes

CJCE, 9 octobre 2001, aff. C. 377/98, *Royaume des Pays-Bas c/ Parlement et conseil.*

Juridictions étrangères

New-York vs Ferber (458 US 747).

Sitographic

Site de l'*ACPE* (https://www.acpe-asso.org).

Site de l'*Assemblée Nationale* (http://www.assemblee-nationale.fr).

Site de la *Cour de cassation* (https://www.courdecassation.fr).

Site juridique *Dalloz Étudiant* (https://www.dalloz.fr).

Site d'information en continue *Le Parisien* (http://www.leparisien.fr).

Site juridique *Lexis 360* (https://www.lexis360.fr).

Site du *Mouvement du Nid* (http://www.mouvementdunid.org).

Site du *Sénat* (http://www.senat.fr).

Site juridique *Village de la justice* (https://village-justice.com/articles/)

Table des matières

Structures éditoriales du groupe L'Harmattan

L'Harmattan Italie
Via degli Artisti, 15
10124 Torino
harmattan.italia@gmail.com

L'Harmattan Hongrie
Kossuth l. u. 14-16.
1053 Budapest
harmattan@harmattan.hu

L'Harmattan Sénégal
10 VDN en face Mermoz
BP 45034 Dakar-Fann
senharmattan@gmail.com

L'Harmattan Cameroun
TSINGA/FECAFOOT
BP 11486 Yaoundé
inkoukam@gmail.com

L'Harmattan Burkina Faso
Achille Somé – tengnule@hotmail.fr

L'Harmattan Guinée
Almamya, rue KA 028 OKB Agency
BP 3470 Conakry
harmattanguinee@yahoo.fr

L'Harmattan RDC
185, avenue Nyangwe
Commune de Lingwala – Kinshasa
matangilamusadila@yahoo.fr

L'Harmattan Congo
67, boulevard Denis-Sassou-N'Guesso
BP 2874 Brazzaville
harmattan.congo@yahoo.fr

L'Harmattan Mali
Sirakoro-Meguetana V31
Bamako
syllaka@yahoo.fr

L'Harmattan Togo
Djidjole – Lomé
Maison Amela
face EPP BATOME
ddamela@aol.com

L'Harmattan Côte d'Ivoire
Résidence Karl – Cité des Arts
Abidjan-Cocody
03 BP 1588 Abidjan
espace_harmattan.ci@hotmail.fr

L'Harmattan Algérie
22, rue Moulay-Mohamed
31000 Oran
info2@harmattan-algerie.com

L'Harmattan Maroc
5, rue Ferrane-Kouicha, Talaâ-Elkbira
Chrableyine, Fès-Médine
30000 Fès
harmattan.maroc@gmail.com

Nos librairies en France

Librairie internationale
16, rue des Écoles – 75005 Paris
librairie.internationale@harmattan.fr
01 40 46 79 11
www.librairieharmattan.com

Librairie l'Espace Harmattan
21 bis, rue des Écoles – 75005 Paris
librairie.espace@harmattan.fr
01 43 29 49 42

Lib. sciences humaines & histoire
21, rue des Écoles – 75005 Paris
librairie.sh@harmattan.fr
01 46 34 13 71
www.librairieharmattansh.com

Lib. Méditerranée & Moyen-Orient
7, rue des Carmes – 75005 Paris
librairie.mediterranee@harmattan.fr
01 43 29 71 15

Librairie Le Lucernaire
53, rue Notre-Dame-des-Champs – 75006 Paris
librairie@lucernaire.fr
01 42 22 67 13

www.ingramcontent.com/pod-product-compliance
Lightning Source LLC
LaVergne TN
LVHW010939051026
849532LV00003B/1059
9782343217888